Willy Splettstösser

Der heimkehrende Gatte und sein Weib

Willy Splettstösser

Der heimkehrende Gatte und sein Weib

ISBN/EAN: 9783337200756

Hergestellt in Europa, USA, Kanada, Australien, Japan

Cover: Foto ©Thomas Meinert / pixelio.de

Weitere Bücher finden Sie auf **www.hansebooks.com**

Der

heimkehrende Gatte und sein Weib

in der Weltlitteratur.

Litterar-historische Abhandlung

von

Dr. W. Splettstösser.

BERLIN.

MAYER & MÜLLER.

1899.

Bibliographie.

Julius Altmann, Die Balalaika. Russische Volkslieder gesammelt und ins Deutsche übertragen. Berlin 1863.

C. Bellermann, Portugiesische Volkslieder und Romanzen, portugiesisch und deutsch mit Anmerkungen. Leipzig 1864.

Jérome Bujeaud, Chants et chansons populaires des provinces de l'ouest: Poitou, Saintonge, Aunis et Angoumois. Avec les airs originaux, recueillis et annotés. 2 vol. 2e édit. Niort 1886; 3e édit. Niort 1895.

Les cent nouvelles nouvelles. Edition revue sur le texte original et précédée d'une introduction par Le Roux de Lincy. 2 vol. Paris 1855.

Champfleury, Chansons populaires des provinces de France. Paris 1860.

T. F. Crane, French ballads, printed in the original text. Illustrated. Boston 1889.

Damase-Arbaud, Chants populaires de la Provence. Aix 1862.

John Dunlop's Geschichte der Prosadichtungen oder Geschichte der Romane, Novellen, Märchen u. s. w. Aus dem Englischen übertragen und vielfach vermehrt und berichtigt von Felix Liebrecht. Berlin 1851.

Duran, Romancero general, 2 tomos. Madrid 1849—51.

Ida v. Düringsfeld, Böhmische Rosen; czechische Volkslieder, deutsch. Breslau 1851.

Fauriel, Neugriechische Volkslieder, übersetzt von Wilhelm Müller. 2 Teile. Leipzig 1825.

W. Gerhard. Wila. Serbische Volkslieder und Heldenmärchen. 2 Bände. Leipzig 1828.

Antonio Gianandrea, Canti popolari marchigiani. Torino 1875.

1

Leop. Haupt u. Joh. Ernst Schmaler, Volkslieder der
  Wenden in der Ober- und Nieder-Lausitz. 2 Bde.
  Grimma 1841.
Hebel, Alemannische Gedichte, herausgeg. und erläutert
  von Dr. Ernst Götzinger. Aarau 1873.
Paul Heyse, Italienisches Liederbuch. Berlin 1860.
Hoffmann v. Fallersleben, Ernst Richter, Schlesische
  Volkslieder mit Melodien. Aus dem Munde des Volkes
  gesammelt und herausgegeben. Leipzig 1842.
Woldemar Kaden, Italiens Wunderhorn; Volkslieder aus
  allen Provinzen der Halbinsel und Siciliens, deutsch.
  Stuttgart 1878.
Siegmund Kapper, Die Gesänge der Serben. 2 Bde.
  Leipzig 1852.
Th. Kind, Anthologie neugriechischer Volkslieder, neu-
  griechisch und deutsch. Leipzig 1861.
Des Knaben Wunderhorn. Alte deutsche Lieder, ge-
  sammelt von L. Achim v. Arnim und Cl. Brentano.
  Nach der Original-Ausgabe: Heidelberg 1806—08,
  neu herausgeg. v. Friedrich Bremer. Leipzig (Reclam).
August Kopisch, Agrumi. Volkstümliche Poesien aus
  allen Mundarten Italiens und seiner Inseln; gesammelt
  und übersetzt. Berlin 1837.
Milà y Fontanals, Romancerillo catalan. Barcelona 1882.
Gottlieb Mohnike, Volkslieder der Schweden. Aus der
  Sammlung von Geijer u. Afzelius. 2 Bde. Berlin 1830.
G. H. F. Nesselmann, Dainos. Littauische Volkslieder,
  übersetzt. Berlin 1853.
Costantino Nigra, Canti popolari del Piemonte. Torino
  1888.
Ossian's Gedichte. Neu übers. v. L. G. Förster. 2 Teile.
  2. Aufl. Quedlinburg u. Leipzig 1830.
Francesch Pelay Briz y Candi Candi, Cansons de la
  Terra, cants populars catalans. 5 volums. Barcelona
  1866—77.
Cte de Puymaigre, Chants populaires recueillis dans le
  pays messin. 2 vol. 2e Édition. Paris 1881.

Cte de Puymaigre, Les vieux auteurs castillans. 2 tomes.
1ère édit. Paris 1862.

Rolland, Recueil de chansons populaires. 4 tomes. Paris
1883—87.

G. Schambach, W. Müller, Niedersächsische Sagen und
Märchen, aus dem Munde des Volkes gesammelt und
mit Anmerkungen herausgegeben. Göttingen 1855.

Wilhelm Scheffler, Die französische Volksdichtung und
Sage. 2 Bde. Leipzig 1885.

Scherr, Allgemeine Geschichte der Litteratur. 5. Aufl.
2 Bde. Stuttgart 1875.

Alwin Schultz, Das höfische Leben zur Zeit der Minne-
singer. 2 Bde. Leipzig 1879.

Walter Scott, Marmion, a tale of Flodden Field. Edin-
burgh 1815.

Segarra, Poesias populares. Leipzig 1862.

Simrock, Die deutschen Volkslieder. Frankfurt a. M. 1851.

The Songs of Scotland. Music edited by J. Pittmann
and Colin Brown, the poetry with notes by Dr. Charles
Mackay. London.

Prosper Tarbé, Romancero de Champagne. 5 vol. Reims
1863/64.

A. Tennyson, The works of T. in five volumes. London
1872. Enoch Arden, vol. II, p. 141 ff.

Julien Tiersot, Histoire de la chanson populaire en
France. Paris 1889.

Ludwig Tobler, Schweizerische Volkslieder. Mit Einleitung u. Anmerkungen herausgeg. 2 Bde. Frauen-
feld 1882/84.

Villemarqué, Barzas-Breiz, chants populaires de la Bre-
tagne. 2 vol. Paris 1839.

P. J. Willatzen, Altisländische Volksballaden und andere
Volksdichtungen nordischer Vorzeit, übertragen. 2. Aufl.
Bremen 1897.

J. Wolf u. C. Hofmann. Primavera y flor de romances,
2 Bde. Berlin 1856.

Inhaltsübersicht.

Nigra teilt in seinen Canti popolari del Piemonte (p. 168 ff.) unter dem Titel: Il Ritorno del Soldato eine Reihe Volkslieder mit, in denen ein verheirateter Soldat nach langjähriger Abwesenheit aus dem Kriege zurückkehrt und seine Gattin wiederverheiratet oder im Begriff findet, zu neuer Ehe zu schreiten. Es ist dies ein Thema, welches, auf mannigfache Weise behandelt, weitverbreitet ist in den Liedern europäischer Völker und selbst darüber hinaus begegnet. Aus jenen anspruchslosen Quellen haben dann Berufsdichter das einfache Nass geschöpft und in prunkendere Gefässe gegossen; und so sind jene Gedichte, Novellen, Romane, Theaterstücke entstanden, in denen unser Stoff im Grunde zwar der gleiche geblieben ist, äusserlich jedoch diese oder jene Erweiterung oder Beschränkung erfahren hat, je nachdem das Prokrustesbett der neuen Form es verlangte und die Begabung des Dichters mehr oder minder Originelles zu schaffen verstand. Und nicht erst in neuerer Zeit sind derartige Darstellungen ins Leben getreten, sie finden sich, und häufig genug, auch in vergangenen Jahrhunderten; ich verweise nur auf Homers Schilderungen der häuslichen Verhältnisse, welche Agamemnon und Odysseus heimkehrend antreffen. Auch auf deutschem Boden lebte der Stoff in früh entstandenen Sagen, hat er hier doch, wie Schambach, Müller (vgl. a. a. O. die Fahrt in den Osten; auch wegen der Sagen verweise ich dorthin) scharfsinnig gezeigt haben, in der Mythologie seinen Ursprung.

I.

Das Grundthema, worauf auch jene Ausführungen von Schambach-Müller weisen, ist: Der heimkehrende Gatte findet seine zurückgelassene Frau wieder verheiratet. Hieran haben sich vielfach Modifikationen und Erweiterungen angeschlossen. An die Stelle von Mann und Frau sind häufig zwei Verlobte getreten. Die Gründe für die Entfernung des Mannes, die Zeit seiner Abwesenheit, die näheren Umstände seiner Heimkehr sind nach und nach hinzugefügt worden, die dürftigen Mauern zum Gebäude auszubauen. Ferner lag die Frage nahe: Wie verhält sich der Mann unter diesen Umständen? Und diese Frage hat die Phantasie am meisten beschäftigt und ist aufs verschiedenste beantwortet worden. Sie bildet den interessantesten Teil der Darstellung, in ihr offenbart sich das Volk. Während die Einleitung allgemein ist, stammt der Schluss aus ihm selbst, und seinen eigenen Charakter, sein eigenes Temperament hat es hineingelegt. An passenden Stellen soll dies des näheren erörtert werden. Ferner soll gezeigt werden, wie einzelne Teile herausgegriffen worden sind und anderwärts ihre selbständige, womöglich erweiterte Behandlung gefunden haben.

Eine der gewöhnlichsten Lösungen des Konflikts ist die, dass der Mann sich in die Verhältnisse schickt und in den Krieg, von wo er gekommen. oder in unbestimmte Ferne zurückkehrt. Nigra (a. a. O. No. 28, II) teilt ein Lied mit, das diese Lösung zeigt. Die Behandlung des Stoffes ist die denkbar einfachste: es enthält die Hauptmomente und in gedrängter Form. Statt der Gatten treten zwei Verlobte auf. Ein Punkt, der hier mehr berücksichtigt ist als in anderen ausführlicheren Darstellungen, ist der Anlass zur Entfernung des Mannes. In seiner Einfach-

heit kann es als Muster für die Behandlung des Grund
themas gelten.

> Lo re j'à scrit na letra; an guera a venta andè.
> La póvera mitressa n'in fa che tan piurè.
> — Piurè pa tan, mitressa, piurè pa tan di nui:
> Al fin de le campagne si spuzeran nui dui. -
> Al fin de le campagne galant a l'è rüvà,
> La porta de la bela l'è andáit a tabüssar:
> — Dorbì, dorbì la porta, mi sun ël vostr'amur.
> Che venho da la guera për aspuzè-ve vui.
> — Mi dorbo pa la porta, la porta dorbo pa,
> I v'u spotà set ani, cun n'áut sun maridà.
> — Da già ch' sei marideja, tucái-me ancur la man,
> Mi turnarò a la guera, mai pi si vederan! —

Weit ausführlicher gehalten sind die Lieder unter
No. 28, I. Sie beginnen alle mit der Rückkehr des Mannes
aus dem Kriege, in den Fassungen B, C, D ist er in Begleitung zweier Kameraden, in C kommen alle drei aus
Nizza. Der Aufzug der Heimkehrenden wird beschrieben:
Cun tin pè caussà e l'áut nü. Vom Anlass seiner Entfernung wird nichts gesagt; es wird der des vorigen Liedes
als selbstverständlich fortgelassen sein. Die Frau ist näher
gekennzeichnet als madama l'osta oder madama l'osta dla
fiurdalis, in D findet sich sogar ihr Wohnort Raconigi
angegeben. Der Mann giebt sich nicht sofort zu erkennen,
erst das Weinen der Frau bringt ihn dazu. Da es sich
um Eheleute handelt, ist es natürlich, dass er Kinder
zurückgelassen hat; deren Zahl hat sich in seiner Abwesenheit vermehrt. Auf seine Frage nach ihrer Herkunft
gesteht sie ihm die zweite Vermählung und fügt zugleich
Entschuldigungen für diesen Schritt bei: falsche Nach-
richten über den Tod ihres ersten Gatten, eintretende
Teurung, Furcht, in ihrer hülflosen Lage Not leiden zu
müssen. Daran schliesst sich das charakteristische Moment
der Kinderteilung. Der Mann führt die ihm gehörigen
Kinder mit sich fort. Die Fassung C begnügt sich mit
diesem Schlusse nicht. Sie fügt einen Zug an, der mir nur

an dieser Stelle begegnet ist. Auf der Strasse verlangt
das Söhnlein nach seiner Mutter zurück; der Vater aber
gebietet ihm scheltend, nicht mehr an sie zu denken.

Die Fassung C kann von den vier genannten als die
vollständigste gelten, und ich halte sie für zu charakteristisch,
um ihren Inhalt nur im Auszug wiederzugeben.

Sun tre soldà ch'i veno da Nissa:
S'a na dizo tra lur tre: —
Duv' andruma nui a logè?
Andruma a cà d'madona l'osta,
Madona l'osta dël flurdalis,
La pi bell'osta ant ël pais.
Pudè-v logè, madona l'osta,
Madona l'osta, pudè-v logè?
Sun tre soldà chi völo supè. —
Se n'uma già logià-ne dj'autri,
E'logeruma ancura lur,
Pür ch'a sio soldà d'onur. —
Tramentre che l'osta pariéjva,
Tramentre ch'a bütava 'l pan,
Cui tre soldà la guardavo tan.
Quand a sun stàit a metà tàula,
Cui tre soldà s'sun bütà a cantè,
Madona l'osta s'ò bütà a piurè. —
Coza piurè-v, madona l'osta? —
Si na piuro lo me marì,
Ch'a l'è set agn che lo ved pì.
— Piurè pa tan, madona l'osta,
Piurè pa tan ël vost marì,
Ch'a l'è pa tan luntan da sì.
Coza völ dì, madona l'osta,
Che n'ö lassà-ve che ün peit anfan;
N'éi ün an brass e l'àut për man? —
M'àn dà-m dël növe vniie da Nissa,
M'àn dà-m dël növe ch' j'eri mort;
Cui ch'i m'àn dà-m-je m'àn fà 'n gran tort.
J'è vnü-je n'ann di carestia,
L'avia paüra di patì,
E m'sun sercà-me n'àut marì. —
Ël me fiolin vöi mnè-m-lo via,
Andruma via tan lontan,
Che mai pì nui si vederan. —

Quand l'è stáit a metà strada,
Cul fiolin si bùta a piurè: —
Da la mia mama na vöi turnè. —
Pensè pa pi sla vostra mama,
Sla vostra mama stè pi a pensè,
Ch'a n'à dj'áutri da guvernè. —

Am meisten Verwandtschaft mit diesem zeigt ein
deutsches Volkslied (Simrock, a. a. O. p. 475), woran sich
passend zwei französische knüpfen (Puymaigre, Ch. pop.,
p. 25*) und Bujeaud, a. a. O. II, 89). In den meisten
Zügen stimmen sie mit dem eben angeführten überein.
Einiges neu Hinzutretende resp. Abweichende soll hervorgehoben werden.

Als noch nicht erwähnter Zusatz findet sich die Frage
des Soldaten:
"Frau Wirtin, hat sie gutes Bier?"
und die Gegenfrage der Wirtin:
"Soldat, hat er auch Geld dafür?"
bei Puymaigre:
"Hôtesse, avez-vous du vin blanc? —
"Soldat, avez-vous de l'argent? —

In den piemontesischen Liedern entspricht hier die Frage
nach dem Quartier:
"Madona l'osta, pudè-v logè? —
und die vielsagende Antwort:
"Pür ch'a sio soldà d'onur. —

Auch der Versatz des Mantels zur Bezahlung der Zeche
ist anzuführen als ein Moment, das sich bei Nigra in der
Fassung A findet. Im Französischen:.
J'engagerai mes pistolets,
Mon manteau et mon cheval blanc.
Weiter wird gefragt, warum die Wirtin weine:
"Weint sie vielleicht wohl um das Bier
Und meint, sie kriegt kein Geld dafür?"

---

*) Nachträglich fand ich bei Tiersot (a. a. O., Ière partie,
ch. Ier) ein Lied, das sich in sofern noch enger an das piemon-
tesische anschliesst, weil es den Mann in Begleitung zweier Kameraden heimkehren lässt. An Schroffheit übertrifft er eher den
bei Puymaigre.

Dem entspricht bei Nigra (No. 28 I, D.):

> "Piurè-ve vui dël vost diznè?
> "D'or e d'argent e pöss paghè. —

Im Französischen findet sich Ähnliches in dem Liede bei Bujeaud:

> "Ah! qu'avez-vous la belle hôtesse?
> "Regrettez-vous votre vin blanc
> "Que le marin boit en passant?

Der Schluss der französischen Lieder weicht von dem der vorher gedachten ab. Der Gatte geht zwar in die Ferne — auch bei Puymaigre, wo nach des Soldaten Worten:

> Si je savais où est le père,
> Je tuerais le père et la mère!

eine Katastrophe denkbar wäre, wird dieser Ausgang anzunehmen sein — doch unterbleibt die Teilung der Kinder; die bei Puymaigre geplante Verstreuung der Kinder in alle Welt ist der Teilung, wie wir sie bisher kennen gelernt, nicht an die Seite zu stellen, erinnert aber daran.

Etwas ganz Neues, dem wir in keinem der piemontesischen Lieder begegnet sind, liegt bei dem deutschen Liede wie bei den französischen in der Form. Es ist der nicht unwichtige Zusatz des Refrains. So findet sich im Liede bei Puymaigre der Refrain: coucou, corna, ricoucou, über den Scheffler a. a. O. treffend bemerkt, dass er unzweifelhaft auf eheliches Unglück deute. So giebt der Kehrreim, passend gewählt, dem Leser von vornherein eine Vorstellung von der Art des behandelten Stoffes. In der deutschen Fassung bei Simrock findet sich das weniger bezeichnende „Hurrah!", doch giebt Reinh. Köhler in der seinigen (Jhrbch. f. rom. u. engl. Litt. VIII, p. 356 ff.) „Kuckuk" mit der Bemerkung, es werde so im Oldenburgischen gesungen, und auch im schlesischen Text (bei Hoffmann v. Fallersleben) findet es sich; jedenfalls steht es auch in der Lesart von Ilmenau, die K. selbst gehört hat. In den piemontesischen Liedern findet sich, wie schon bemerkt, kein entsprechender Refrain; doch führt Nigra an mit Hinweisung auf den bei Puymaigre, dass in einer Fassung

von Bra der Ritornell vorkomme: cuchin, cocon, cocot e
capun. Der Kehrreim tout doux bei Bujeaud ist mir un-
verständlich: vielleicht liegt Volksetymologie vor für coucou,
dessen Bedeutung in diesem Zusammenhange nicht gleich
einleuchtete.

Das Lied bei Bujeaud weist auf Tennyson's Enoch
Arden. Hier wie dort tritt ein Seemann auf. Ausser
anderen Punkten, in denen beide Bearbeitungen von
einander abweichen, ist es besonders der Schluss. Im
französischen Liede sucht der Mann seine Frau auf, giebt
sich ihr zu erkennen und kehrt dann bitterlich weinend
zu seinem Dienst (à son régiment) zurück. Dies thut
Enoch nicht. Er geht zwar, von Sehnsucht getrieben,
seine Annie aufzusuchen: um jedoch ihr neues Eheglück
nicht zu trüben, tritt er ihr nicht gegenüber, sondern be-
obachtet sie ungesehen. Ebenso verschweigt er seinen
Namen bis kurz vor seinem Tode und nennt ihn da einer
fremden Person, seiner Wirtin Miriam Lane, mit der aus-
drücklichen Forderung, erst nach seinem Tode bekannt zu
machen, wer er gewesen.

Wir begegnen hier zum ersten Mal dem Falle, der
noch öfter eintreten wird, dass ein gelehrter Dichter sich
des Stoffes bemächtigt hat. Und Tennyson hat kein Lied
von wenigen Strophen daraus gemacht, sondern ihn zu
einem ausführlichen Gedicht verarbeitet. Er begnügt sich
nicht damit, nur den Moment der Heimkehr Enochs dar-
zustellen, sondern lässt ihn, wie die übrigen Hauptpersonen,
vor unseren Augen aufwachsen. Es zeigt sich vor allem
die festere Fügung der einzelnen Teile, der straffere
Zusammenhang der einzelnen Ereignisse. Das Motiv,
welches in der Jugendzeit angeschlagen wurde, wird im
späteren Leben ausgeführt:

The little wife would weep for company.
And pray them not to quarrel for her sake.
And say she would be little wife to both.

Der Anlass für Enochs Fortgang wird aufs ausführlichste
behandelt, ebenso die Gründe seiner langen Abwesenheit,

die mehr als zehn Jahre beträgt. Im Volkslied ist die geheiligte Zahl sieben.*)

Auch Maupassant hat den Stoff verarbeitet zu seiner Novelle Le Retour (in der Novellensammlung Yvette). Die Momente sind im allgemeinen dieselben wie im Enoch Arden. Der Gatte Martin, ein Matrose, fährt nach zweijähriger Ehe auf den Kabeljaufang nach Neufundland. Das Schiff, auf dem er sich befindet, verschwindet spurlos, und die zurückgebliebene Frau gilt als Witwe mit zwei kleinen Mädchen. Nach zehn Jahre langem, vergeblichem Warten heiratet sie einen Witwer Lévesque: aus der Ehe gehen zwei weitere Kinder hervor. Drei Jahre nach der neuen Vermählung kehrt der erste Gatte zurück, der an der afrikanischen Küste Schiffbruch gelitten hat, in die Gefangenschaft Wilder geraten, doch endlich von einem englischen Reisenden befreit worden ist. Maupassant führt eine friedliche Lösung des Konflikts herbei und benutzt auch ein uns schon bekanntes Moment. Die beiden Männer einigen sich nämlich dahin, dass sie die Kinder unter sich teilen. Das Haus, welches er von seinem Vater geerbt hat, behält Martin. Wem die Frau zukomme, soll der Pfarrer entscheiden.

Eine um des Ausgangs willen bemerkenswerte Darstellung bietet die 69. der von Le Roux de Lincy herausgegebenen Cent nouvelles nouvelles: L'honnête femme à deux maris. Ein junger flandrischer Edelmann, der sich im Dienste des Königs von England befindet, wird von den Türken gefangen genommen. In der Heimat hat er eine schöne Frau zurückgelassen, welche, nachdem alle Aussicht auf ihres Gatten Rückkehr geschwunden, von vielen Bewerbern bestürmt wird, dennoch aber in der Hoffnung, ihr Mann könne noch am Leben sein, dem Drängen derselben lange widersteht. Endlich, nach Ver-

---

*) Über die Quellen zu Enoch Arden vgl. Calvin S. Brown, Predecessors of Enoch Arden (Modern Language Notes, Juni 1897, **Spalte 333—341**

lauf von 9 Jahren, wird sie von ihren Verwandten gezwungen, eine zweite Ehe einzugehen. Einige Monate später indes langt ihr erster Gemahl, der endlich aus der Sklaverei entkommen ist, in Artois an. Sein Weib stirbt bei der Nachricht davon aus Verzweiflung.

Hier möge sich ein schweizerisches Lied anfügen, das zu einer Gruppe gehört, auf die ich später zurückkommen muss. Es steht bei Simrock (a. a. O. p. 169, Nr. 83) unter dem Titel: Die Aargauer Lieben, oder ohne Titel bei L. Tobler (a. a. O. II, 180). Ich teile es nach des letzteren Lesart mit.

1. Im Aergäu sind zweu Liebi,
die hettid enandere gern.
2. Und der jung Chnab zog zu Chriege;
wänn chunt er widerum hei?
3. Ueber's Jar im andere Sumer,
wenn d' Stüdeli trägid Laub.
4. Und's Jar und das wär umme,
und der jung Chnab is widerum hei.
5. Er zog dur's Gässeli ufe,
wo d's schön Anni im Fenster läg.
6. „Gott grüess di, du Hübschi, du Feini,
vo Herze gefallst du mir wol!"
7. „Wie chan i denn dir no g'falle?
ha scho lang en andere Ma,
8. En hübsche-n-und en riche,
und der mi erhalte cha."
9. Er zog dur's Gässeli abe
und weinet und truret so sêr.
10. Do begegnet ihm seini Frau Mueter:
„Und was weinist und trurist so sêr?"
11. „Was sött i nit weine und trure?
i ha ja keis Schätzeli mê!"
12. „Wärist du deheime blibe,
so hättist dis Schätzeli no."

Dieses Lied zeigt mannigfache Abweichungen von den früheren. Der Verlobte, welcher in den Krieg muss, verspricht beim Abschied, in Jahresfrist wiederzukommen. Pünktlich trifft er ein, und trotzdem hat ihm seine Geliebte die Treue nicht gehalten. Wodurch ihr Treubruch herbeigeführt worden ist, ob etwa wiederum durch falsche Briefe, erfahren wir aus dem Liede nicht. Ferner scheint die Frau den Heimkehrenden gar nicht zu erkennen, eine Annahme, die der Text sehr wohl zulässt. Neu ist der Schluss. Der Getäuschte zieht nicht, wie sonst, in den Krieg zurück, wenigstens für's erste nicht; das Lied lässt ihn seiner Mutter begegnen und ihr sein Leid klagen. Vielleicht gehört in diese Gruppe ein russisches Volkslied: Der heimkehrende Krieger (J. Altmann, a. a. O. No. 85):

> Kehrt der Held zurück vom Kampfe,
> Er, der kühne Heldenjüngling,
> Er, der wackre Held im Streite.
> Kehrt Ignatij in die Heimat,
> Fomitsch kehrt zurück zum Dorfe.
> Sah das liebe Dorf der Väter,
> Sah das traute Dorf von ferne:
> Fragt sogleich den ersten Wandrer:
> „Väterchen, wie geht's dem Krüger,
> Ihm, dem alten Lew Ssawelitsch,
> Und der schönen Anna L'wowna?“ —
> Spricht der Wandrer: „Komm' soeben
> Aus dem Krug, sah keinen alten
> Krüger Lew Ssawelitsch, sahe
> Keine schöne Anna L'wowna.“ —
>
> Kehrt der Held zurück vom Kampfe,
> Er, der kühne Heldenjüngling,
> Er, der wackre Held im Streite,
> Kehrt Ignatij in die Heimat,
> Fomitsch kehrt zurück zum Dorfe,
> Sah das liebe Dorf der Väter,
> Sah das traute Dorf von ferne:
> Fragt sogleich den zweiten Wandrer:
> „Väterchen, wo blieb der Krüger,
> Er, der alte Lew Ssawelitsch,
> Und die schöne Anna L'wowna?“ —
> Spricht der Wandrer: „Hört vom jungen
> Krüger Janikita Iljitsch,
> Hörte von ihm diese Rede,
> Und vernahm von ihm die Worte:
> Lew Ssawelitsch ist gestorben,
> Ward begraben vor zwei Tagen.
> Nichts von Anna L'wowna weiss ich.“ —

Kehrt der Held zurück vom Kampfe,
Er, der kühne Heldenjüngling,
Er, der wackre Held im Streite,
Kehrt Ignatij in die Heimat,
Fomitsch kehrt zurück zum Dorfe,
Sah das liebe Dorf der Väter.
Sah das traute Dorf von ferne:
Fragt sogleich den dritten Wandrer:
„Väterchen, wo ist des Krügers.
Ach, des toten Lew Ssawelitsch
Schöne Tochter Anna L'wowna?" —
Sprach der Wandrer: „Komm soeben
Aus der Stadt dort hinterm Berge.
Hinterm Berg dort an der Wolga:
Sah die schöne Anna L'wowna.
Sie, die lustige, vergnügte.
Hat gelacht, getanzt, gesungen,
Lachte, sang und tanzt, und hüpfte,
Hat gescherzt und hat geküsset,
Scherzte, küsste viele Küsse,
Fei'rte gestern ihre Hochzeit
Mit dem reichen Mark Kirillitsch." —

In diesem Liede sind Momente übergangen worden,
die zum Teil auch in anderen Liedern beiseite gelassen
waren; so ist nicht gesagt, wie lange der Krieger fort-
geblieben, warum seine Geliebte sich wieder vermählt
habe, wenn nicht etwa der Schluss:

Fei'rte gestern ihre Hochzeit
Mit dem reichen Mark Kirillitsch

ähnliche Gründe vermuten lässt, wie die, welche bei der
Frau des vorhergehenden Liedes ausschlaggebend waren.
Originell ist die Art und Weise, wie der Heimkehrende
von seinem Unglück erfährt. Er erfährt es nicht durch
die Frau selbst, zu der scheint er gar nicht zu gelangen,
sondern durch Erkundigung bei vorüberziehenden Wandrern.
Es sind deren drei, und ganz geschickt ist die Ordnung
ihrer Antworten. Jeder folgende weiss immer etwas mehr
zu sagen, und so erfährt der Ärmste seinen ganzen Verlust
nicht auf einmal, sondern schonend nach und nach. Der
erste Wandrer weiss nichts, weder vom alten Krüger,

noch von der schönen Anna L'wowna. Der zweite berichtet vom Tode des Krügers, von der Tochter weiss auch er nichts; so gewöhnt sich der Heimkehrende allmählich daran, sie für verloren zu halten, und der schmerzliche Bericht des dritten bestätigt nur seine Ahnung. Unberücksichtigt bleibt in diesem unserem Liede die Art, wie der Mann die Nachricht aufnimmt, und was er darnach thut. Geht er, wie wir es oft gesehen, in die Ferne zurück, oder sucht er etwa die Treulose auf und rächt sich an ihr? Nichts dergleichen wird auch nur angedeutet. Wollte man eine Vermutung aufstellen, so könnte man sagen, es scheint natürlicher, dem russischen Volkscharakter angemessener, dass der Mann wieder davonzieht. Handelte es sich um einen Spanier, er würde blutige Rache nehmen. Als Beleg zu dieser Annahme vergleiche man folgende zwei Strophen. In beiden nimmt ein Soldat, der dem König dienen muss, Abschied von seiner Geliebten; im einen Fall ist es ein Russe, im anderen ein Spanier:

Mich fordert der Zar
Auf zwanzig der Jahr' —
Vergiss mein,
Vergiss mein auf immer. (Altmann Nr. 79.)

A servir al rey me voy
Con intencion de volver;
Gitana, se casada te encuentro
De tu sangre he de beber. (Segarra, p. 10.)

Ich meine, dass jede der beiden Strophen den Charakter des Volkes treffend zum Ausdruck bringt, und dass obiges Lied zwanglos, also diesem Charakter entsprechend, fortgeführt, den angedeuteten Schluss gefunden hätte.

Von dem freiwilligen Verzicht des Mannes auf seine Geliebte, einem Zug, der den slavischen Liedern charakteristisch zu sein scheint, findet sich ein weiteres Beispiel bei Ida v. Düringsfeld, a. a. O. p. 125.

1. Hier auf diesem unserm Holzhof,
Unserm kleinen Holzhof hier,
Dreht noch einmal um sich Hänschen,
Auf dem Pferde um nach mir.

2. Drehet so sich hin und wider,
Drehet hin und wider sich:
„Sag', wem lass' ich dich, mein Mädchen,
Sag', wem kann ich lassen dich?
3. Lasse dich dem lieben Bruder,
Lasse dich dem Brüderlein:
Da du nicht kannst meine werden.
Magst der Kameraden sein."

Bei S. Kapper (a. a. O. II, 241) steht ein Lied, welches
ebenfalls von einem Manne spricht, der bei der Heimkehr
seine Geliebte vermählt findet. Es weicht jedoch in dem
Verhalten der Frau von den früheren ab.

„Sprich, Geliebte, bist du schon vermählet?" —
„„Bin's, Geliebter, und ein Knäblein wieg' ich. —
Deinen Namen hab' ich ihm gegeben,
Dass ihn rufen mir das Herz erleicht're.
Nimmer ruf ich: Komm' zu mir, mein Söhnlein!
Sondern rufe: Komm' zu mir, du Liebster!""

Man sieht, diese Frau hat nichts mit der des Liedes
„Die Aargauer Lieben" gemein, nichts von ihrem ab-
weisenden Betragen. Die Anrede „Geliebter", die Be-
nennung ihres Knaben mit seinem Namen und die Art
und Weise, wie sie ihren Sohn zu rufen pflegt, sind offen-
bare Zeichen dafür, dass ihre Neigung so wenig wie die
seinige erloschen ist. Nicht eigener Trieb scheint die andere
Ehe begehrt zu haben, die Frau scheint zur Untreue gezwungen zu sein. Auf welche Weise, das bleibt ungesagt.

In einigen slavischen Liedern antwortet das treulose
Mädchen ihrem fragenden Geliebten, das Gerede der Leute
trage die Schuld, das habe sie geschieden.*) Was die
Leute geredet haben, wird gewöhnlich nicht ausgeführt.
So in dem böhmischen Liede: Die zerstörte Liebe (Ida
v. Düringsfeld, a. a. O., p. 38/39), wo auf des Geliebten
Frage:

---

*) Vgl. die entgegengesetzte Wirkung in Shakspere's Much
ado about nothing, wo Benedict und Beatrice, die sich aufangs
nicht lieben, oder wenigstens nichts für einander zu empfinden
scheinen, durch das Gerede der Leute einander näher gebracht
werden.

„Mein geliebtes Mädchen.
Sag', was dachtest du,
Dass die süsse Liebe,
das Mädchen erwidert:
„Habe sie zerstört
Nicht durch meine Schuld:
Die uns nicht in Frieden
Liessen, uns geschieden.
Die allein sind schuld.

Uns're süsse Liebe
So zerstörtest du?"

Die allein sind schuld,
Die geschwätzt von dir,
Mir nicht gönnen wollten,
Dass da lächeln sollten
Deine Augen mir."

Auch in dem Liede: Fluch (ibid. p. 72) ist davon die Rede, dass die Liebenden verhetzt worden seien. Das Mädchen klagt:

„Eine Alte war es,
Die uns so verhetzet.

Die uns unsere Herzen
So entzweigeschwätzet."

und wünscht alle Plagen des Himmels auf sie herab.

„Wolle, Gott, die Alte
Du mit Donner segnen.
Sieben Tage lasse
Steine auf sie regnen.

Sieben Tage Steine,
Dornen dann acht Tage,
Dass sie nicht mehr Unheil
Zwischen Liebe trage!-

Worin aber die Verhetzung bestanden, hat der Sänger verschwiegen.

Anders steht es damit in dem serbischen Liede: Janja die Schöne (S. Kapper, II. 335). Hier ist des Mannes Mutter die Verleumderin, und zwar verleumdet sie die Schwiegertochter Janja, als liebe sie den eigenen Schwager, den schönen Pawle. Der Mann, Djurdje der Knese, von der Jagd heimkehrend, hört das Gerücht und tötet seine Frau. Er selbst wird dann von dem Bruder der Getöteten erstochen.

Auch Nigra (Canti pop. No. 6) bringt ein hergehöriges Lied unter dem Titel: Gli anelli.*) Der Prinz Raimund heiratet eine edle Dame Mariansun. Zwei Tage nach der Hochzeit zieht er in den Krieg. Drei Tage später kommt der Herzog d'Ambò, um die zurückgebliebene Frau zu versuchen. Sie weist ihn entrüstet ab:

Dúca d'Ambò chitè me castel, se d'no la testa vi fasso cupè.

*) Vgl. auch Willatzen, a. a. O. VIII.

Um sich zu rächen, lässt er von einem Goldarbeiter zwei Ringe fertigen ähnlich denen der Mariansun. Damit begiebt er sich zu ihrem Gatten und rühmt sich, er habe die Liebe seiner Frau gewonnen:

la vostra dama l'ái fà-je l'amur.
Da li tre di cho vui si parti, na nöit eun chila su'andáit a dürmi.

Zum Andenken habe sie ihm die Ringe geschenkt. Er zeigt dem Gatten die falschen; der aber glaubt die echten zu sehen, springt aufs Pferd und reitet wütend nach Hause. Seine Mutter sieht ihn kommen und ruft ihre Schwiegertochter herbei. „Was für ein Geschenk," fragt diese, „werde ich ihm machen können, das ihn recht erfreue?" „Zeige ihm sein hübsches Söhnchen," erwidert jene, „das ist das beste Geschenk." Raimund stürmt ins Schloss, schleudert das dargebotene Kind die Treppe hinab, bindet die erschrockene Frau an den Schweif seines Pferdes und schleift sie hinter sich her. „Warum hast du das Kind getötet und quälst mich so?" fragt sie ihn. — „Was hast Du mit den beiden Ringen gemacht?" fragt er dagegen. Sie nennt ihm ihren Aufbewahrungsort. Wie er die Truhe öffnet, erklingt es drinnen din din. Reue erfasst ihn, doch zu spät; kein Arzt kann das Kind und die Frau wieder gesund machen. Verzweiflungsvoll stösst er sich das Schwert ins Herz.

Fast in allen Punkten stimmt mit dem eben behandelten das neugriechische Lied: Manuel und der Janitschar (Fauriel, a. a. O. II, 19) überein.

„O Manuel, du netter Bursch, du rüstiger Gesell,
Du hast ein schönes Weib zu Haus und bist doch immer froh?" —
„„Wie sahst du sie? Wie kennst du sie? das sag' mir, Janitschar."" —
„Ich sahe sie, ich kenne sie, ich liebe sie fürwahr." —
„„Und sahst du sie, und kennst du sie, und liebst du sie fürwahr,
Sag', wie sie angekleidet war, was auf dem Kopf sie trug."" —
„Sie trug ein silberweisses Kleid, ihr Kopfputz der war rot." —
Und Manuel berauschte sich und mordete sein Weib.
Am Morgen, als der Rausch vorbei, da weint' er laut um sie:
„„Steh', Herrin, auf, mein schönes Weib! Steh' auf und zieh dich um!
Steh' auf, und wasch' und putze dich, und geh' zum Tanze dann,

Dass dich die Tapferen alle sehn, von heisser Sehnsucht bleich,
Dass ich, Unglücklicher, dich seh' und wieder fröhlich sei."" —

Abweichend von dem früheren Liede ist die Art, wie
der Mann sich überführt, dass der neue Liebhaber die
Wahrheit rede. Dort dienten die Ringe zur Beglaubigung,
hier die Vertrautheit des Janitscharen mit dem Anzug der
Frau, gewiss ein recht oberflächliches Kriterium; doch der
Mann glaubt ihm. Ob die Frau wirklich ungetreu gewesen,
lässt sich nicht entscheiden; denn die Kenntnis ihres
Putzes beweist nichts; und wenn der Janitschar sich
rühmt: „Ich liebe sie fürwahr!" so ist noch lange nicht
gesagt, dass sie ihn wiederliebt.

Als letztes Lied in dieser Reihe stehe Rudolf Baum-
bachs „Nach sieben Jahren" (Lieder eines fahr. Ges. p. 86).
Auch er, wie Tennyson und andere, von denen noch die
Rede sein wird, hat diesen Stoff aufgegriffen und ihn
nach seiner Weise bearbeitet. Bei ihm ist es ein fahrender
Geselle, der da heimkehrt und seine einstige Flamme, das
schelmische Nachbarstöchterchen, glücklich vermählt findet.
Ich sage „seine einstige Flamme": ein ernsthafterer Ausdruck scheint mir nicht am Platze, wie überhaupt das
ganze Lied des ernsthaften Hintergrundes entbehrt.

Ha alter Birnbaum! Lebst du noch
Nach sieben langen Jahren?
Trägst noch an einer Stange hoch
Das Kästlein für die Staaren?
Der Birnbaum an zu sprechen fing
Und seufzte schwer beklommen:
Dieweil der Staar auf Reisen ging,
Hat Spatz Besitz genommen.

Willkomm mit deinem Schelmenblick,
Frau Nachbarin, du lose!
Als Knospe liess ich dich zurück,
Nun grüss' ich dich als Rose.
Sie wies mir lächelnd einen Ring. --
O weh, zu spät gekommen!
Dieweil der Staar auf Reisen ging,
Hat Spatz Besitz genommen.

Auch in dem folgenden Liede: „Liebchens Garten“
spielt Baumbach auf unser Thema an:

> Bald darauf ich Abschied nahm,
> Durch die Welt zu wandern;
> Als ich endlich wiederkam,
> War sie eines andern.

ohne jedoch auch diesmal ernste Konflikte an dieses Verhältnis zu knüpfen.

Weiter giebt es Lieder, in denen unser Thema, in
derselben Fassung erkennbar, nicht in der bisher eigen-
tümlichen dramatischen Form behandelt ist. Kein Zwie-
gespräch der beteiligten Personen giebt uns Aufschluss
von dem, was vorgefallen, sondern allein die Klage des
getäuschten Mannes. Ehe ich aber einige der zutreffenden
Lieder anführe, möchte ich zwei nennen, die recht wohl
eine Verbindung zwischen den früheren und den neuen
herstellen können.

Das erste ist ein französisches und steht bei Crane
(a. a. O. p. 217/18):

1. Belle, quelle souffrance
M'a tourmenté!
Qu'avec indifférence
Tu m'as quitté!
Se peut-il qu'on soupire
Si tendrement,
Et sans aimer le dire
Si gentiment?
Tu ne faisais que rire
De mon tourment.

2. De ceux qui t'ont charmée,
l'as un jamais
Qui t'ait autant aimée
Que je faisais!
Et pour reconnaissance
Tu m'as trahi!
Mais mon mal par l'absence
Est bien guéri.
Ainsi donc juge et pense
Ce qu'on m'a dit.

3. L'amour le plus sincère
Ne te fait rien;
Mais être aussi légère
Est-ce donc bien?
Se peut-il qu'on soupire....

Die Treulose wird sicherlich anwesend gedacht, doch
erwidert sie nichts auf die Vorwürfe des Getäuschten.
Das zweite Lied: Falsche Kunde (W. Gerhard, a. a.
O. I, 61) weicht in seinem Schlusse durchaus von den

anderen ab. Nicht die Geliebte ist es hier, die den Mann
getäuscht hat, sondern andere haben es gethan, indem sie
ihm die falsche Kunde brachten, sein Liebchen sei längst
vermählet. Es begegnet uns in diesem Liede der Zug,
den wir zum ersten Male in „Gli anelli" trafen, dass der
Mann nicht zufällig zu der oder jener Zeit heimkehrt,
sondern durch andere von dem Wechsel der Verhältnisse
benachrichtigt, sich früher als seine Absicht war, auf den
Weg macht. Dieser Zug wird sich noch öfter finden. Das
Lied sei seiner Originalität halber, welche sich auch in
der Einleitung zeigt, vollständig aufgeführt.

Pflanzt ein Weichselbäumchen auf dem Tanzplatz,
Merkte mir ein Liebchen in der Nähe,
Führte meine Herd' auf grüne Berge,
Zog dann mit des Sultans Heer zum Kriege.
In dem Kriege blieb ich neun der Jahre:
Aber als das zehnte Jahr erschienen,
Kamen Helden zu mir aus der Bossna:
„Abgestorben ist dein Weichselbäumchen,
Unter deine Schafe kam die Seuche,
Und dein Liebchen hat sich längst vermählet."

Widerstehen konnt' ich nicht dem Herzen,
Und begab mich nach der Stadt Serajwo:
Doch mein Bäumchen hatte reife Früchte,
Alle meine Schafe hatten Lämmer,
Und mein Liebchen war erst recht zum Küssen.

Dieses Lied nun bringt uns denen, von welchen die
Rede sein soll, sehr nahe. Wie leicht ist es denkbar, dass
der Mann bei seiner Rückkehr die Nachricht als wahr
erfunden, und eine Klage sich angeschlossen hätte! Ich
halte diese Annahme um so wahrscheinlicher, als es sich
um einen Slaven handelt, von deren Neigung zur Me-
lancholie und klagender Resignation ich schon gesprochen
habe. Ein Lied, wo die Schilderung Punkt für Punkt
der gewünschten entspricht, liegt mir leider nicht vor:
doch kommt ein anderes ihm sehr nahe. Der Mann wird
durch einen Brief von der Untreue seiner Geliebten unter-
richtet. Er glaubt der Nachricht, welche dieses Mal auf

Wahrheit beruht, ohne weiteres und stimmt seine Klage
an. In diesem Liede sind die Verhältnisse noch be-
trübender, weil der neue Geliebte der Bundesbruder des
Mannes ist, bei dem er nun den Brautgeleiter spielen soll.
Aber er fügt sich und geht. Das Lied steht bei S. Kapper,
a. a. O. II, 240.

Kam mir gestern, kam ein schwarzes Brieflein,
Schwarzes Brieflein und zur schwarzen Stunde,
Schwarz gesiegelt war's mit schwarzem Siegel,
Rot geschrieben war's mit blut'gen Zeichen,
Kam zu mir, und kam von meinem Bruder,
Kündend, dass die Liebste sich vermähle,
Sich vermähl' mit meinem Bundesbruder;
Kündend, dass mich wählt der Bundesbruder,
Mich erwählt, dass ich das Bräutlein führe!
Welch ein traur'ger Brautgeleiter ist dies!
Wenn den Becher er erhebt zum Zutrunk,
Soll er sprechen: „Auf dein Wohl, oh Schwägrin!?"
Soll er sprechen: „Auf dein Wohl, Geliebte!?"
Nicht sein Herze kann er dazu zwingen,
Dass er sage: „Auf dein Wohl, oh Schwägerin!"
Tief betrübt er seinen Bundesbruder,
So er spräche: „Auf dein Wohl, Geliebte!"
Weh thut gehen, zwiefach wehe bleiben;
Will denn gehen, kehrt' ich auch nicht wieder!

Häufiger sind andere Lieder, welche allein die Klage
über der Geliebten Treulosigkeit enthalten, und denen
wollen wir uns nunmehr ganz zuwenden.

Am bekanntesten unter den hierher gehörenden ist
wohl das Lied: Es steht ein Baum im Odenwald (Kn. W.
p. 690/91; Simrock 266). In der schlichten und darum so
tief ergreifenden Art, wie sie dem Volkslied eigen ist,
gedenkt der Mann der Zeit, wo er als Jüngling bei seinem
Schatz im grünen Odenwalde glücklich war. Heiter wie
sie beide war die Natur: es grünte und blühte der Baum,
es sang der Vogel darin. Und welcher Wechsel dann bei
seiner Wiederkehr! Der Baum gehauen, der Vogel ent-
flogen, sein Liebchen mit einem anderen. Und der, aber-
mals in die Ferne gehend, Vergessenheit gesucht, ihm

zerreisst noch stets der blosse Gedanke das Herz, und
eisige Kruste umgiebt es, wie Schnee sich lagert auf die
öden Häupter der Schweizerberge.

Ähnlich ist die Stimmung und des Mannes Verhalten
in Eichendorffs Gedicht: Der letzte Gruss.

1. Ich kam vom Walde hernieder,
Da stand noch das alte Haus,
Mein Liebchen, sie schaute wieder
Wie sonst zum Fenster hinaus.

2. Sie hat einen andern genommen,
Ich war draussen in Schlacht und Sieg,
Nun ist alles anders gekommen,
Ich wollt', 's wär' wieder erst Krieg.

3. Am Wege dort spielte ihr Kindlein,
Das glich ihr recht auf ein Haar,
Ich küsst's auf sein rotes Mündlein:
„Gott segne dich immerdar!"

4. Sie aber schaute erschrocken
Noch lange Zeit nach mir hin,
Und schüttelte sinnend die Locken
Und wusste nicht, wer ich bin.

5. Da droben stand ich am Baume,
Da rauschten die Wälder so sacht,
Mein Waldhorn, das klang wie im Traume
Hinüber die ganze Nacht.

6. Und als die Vögelein sangen
Frühmorgens, sie weinte so sehr,
Ich aber war weit schon gegangen,
Nun sieht sie mich nimmermehr!

Nicht immer nimmt die Handlung einen so verhältnis-
mässig harmlosen Ausgang, wie wir ihn bisher zumeist
gesehen haben. Die spanische Strophe hat bereits die
Perspektive auf eine andere Lösung des Konflikts eröffnet,
die Lösung durch Katastrophe. Der Mann rächt sich für
die Untreue seiner Gattin oder Geliebten, er tötet sie.
Wir kommen damit zu einer zweiten Abteilung von
Liedern.

Nigra habe das erste Wort. Nicht, als ob das Lied, welches er anführt (28 C IV), besonders typisch wäre, sondern, weil sein Schluss eine doppelte Deutung zulässt, und man es je nachdem zu dieser oder noch zur vorigen Abteilung stellen kann. Es steht also am passendsten in der Mitte und bildet die Verbindung zwischen beiden.

Sur marches l'è andà a la guera; chi sa quand a turnerà?
Fin da sì set ani et ün giurno sur marches n'a turna pa.
L'à 'rgalà-je sua spadinha cun ël so pügnet dorè:
— Custe sì sun le promesse, che vui, bela, m'è-vi fè. —
La bela va da so pare: — Ant ün ritir fè-me bütè,
Che da sì set ani e un giurno mi d'an drin na sortirè. —
O fia, la mia fia, ti t'na vöi pa maridè? —
La mia amur l'è già 'mpromessa, l'è 'mpromessa a sur marches. —
Sur marches l'è andà a la guera, a podria deo murì.
Ti che t'chërde d'maridè-te, te starass sempre cozì. —
La guera l'è stàita lunga, s'a l'à bin dürà set agn.
E la bela disperand-se a s'è fà-sse n'àutr aman.
Ma da lì set ani e ün giurno sur marches a l'è arivè:
— Servitur, madamizela. — Bundì, cerea, sur marches.
Sun pa pi madamizela, che mi sun già maridè;
Dop tant temp ch'i l'ài spetà-ve, j'ö spuzà sur cavajer. —
L'à dësfodrà sua spadinha, ant ël cör a i la völ piantè:
— Custe sì sun le promesse, che vui, bela, m'avì fè! —

Tötet er sie, oder tötet er sie nicht? das ist die Frage, welche die dunklen Worte: Custe sì sun le promesse, che vui, bela, m'avì fè! nicht lösen. Schon einmal begegnen diese Worte im Gedicht und auch da ganz unvermittelt an das Geschenk angeknüpft, welches der Marquis seiner Schönen macht, dass man nicht weiss, worauf sie zu beziehen sind. Vielleicht sind die Versprechungen vorher aufgezählt zu denken und werden auf diese Weise noch einmal zusammengefasst. Neu ist das Gespräch des Mädchens mit seinem Vater, der es zur Treulosigkeit verleitet.

Zu diesem Liede stellt sich ein französisches, welches nur darin von ihm abweicht, dass der Mann nicht nach der Hochzeit, sondern gerade am Hochzeitstage seiner

Gattin eintrifft. Es führt den Titel: Le Retour du Cavalier
(Tarbé, a. a. O. II, 122 ff.). Auch hier ist der Ausgang
nicht mit klaren Worten angegeben, doch lässt er sich
erraten. Der Gatte verlangt, wie jener Marquis, die
Geschenke, welche er der Frau gemacht hat. Sie will sie
holen, der Gatte folgt ihr:

und

Nous irons bien ensemble!

Ensemble ils sont partis.

Die Zurückbleibenden warten und warten; endlich wird
ihnen die Zeit zu lang, sie machen sich auf die Suche:

Mais rien dans la chambrette
Qu'un linceul tout froid.

Ich meine, die letzte Zeile macht jeden Zweifel an einer
Katastrophe unmöglich und führt uns unmittelbar zu jenen
Liedern, wo solcher Ausgang ohne weiteres deutlich zu
erkennen ist.

Als erstes nenne ich das Lied: Falsche Liebe (Simrock, p. 166, No. 81):

1. Es kann mich nichts schöner erfreuen,
Als wenn der lieb Sommer angeht,
Dann blühen die Rosen im Walde,
  Ju, ja Walde,
Soldaten marschieren ins Feld.

2. „Ach Schätzel, was hab' ich erfahren,
Dass du willst scheiden von mir,
Und willst ins fremde Land reisen.
Wann kommst du wieder zu mir?“

3. Und als ich in das fremde Land kam,
Gedacht ich gleich wieder nach Haus:
Ach wär' ich zu Hause geblieben
Und hätte gehalten mein Wort.

4. Und als ich nun wieder nach Hause kam,
Feinsliebchen stand hinter der Thür:
„Gott grüss dich, du Hübsche, du Feine,
Von Herzen gefallest du mir!“

5. „Was brauch' ich dir denn zu gefallen,
Ich hab' schon längst einen Mann,
Einen hübschen und einen reichen,
Der mich wohl ernähren kann."

6. Was zog er aus seiner Scheide?
Ein Messer, war scharf und spitz,
Er stach's Feinsliebchen durch's Herze,
Das rote Blut gegen ihn spritzt.

7. Und als er's wieder heraussen zog,
Von Blut war es so rot.
„Ach höchster Gott im Himmel,
Wie bitter ist mir der Tod!"

8. So geht's, wenn zwei Knaben ein Mädchen lieb haben,
Das thut gar selten gut:
Wir beide, wir haben's erfahren.
Ju, ja erfahren.
Was falsche Liebe thut.

Hierzu stellt sich Simrock, No. 82, was sich auch bei
Herder, St. d. V. I, 1, No. 6, Kn. W. p. 197 findet. Nur
im Anfang weicht es vom vorhergehenden ab.

1. Es stehen drei Sterne am Himmel,
Die geben der Lieb' einen Schein.
„Gott grüss euch, schönes Jungfräulein,
Wo bind' ich mein Rösselein hin?" —

2. „Nimm du es, dein Rösslein, beim Zügel, beim Zaum,
Bind's an den Feigenbaum,
Setz' dich eine kleine Weil' nieder,
Mach' mir eine kleine Kurzweil." —

3. „Ich kann und mag nicht sitzen,
Mag auch nicht lustig sein,
Mein Herz möcht' mir zerspringen,
Feinslieb, von wegen dein."

4. Was zog er aus seiner Taschen? . . .

Das erste Lied ist weiter ausgeführt als das zweite.
Es beginnt mit dem Abschied des Mannes und stellt das
Betragen der Frau bei dieser Gelegenheit in scharfen
Gegensatz zu dem bei der Wiederkehr. Das zweite be-

ginnt erst mit diesem Zeitpunkt. Unter dem Titel: „Untreu thut nicht gut" habe ich bei Haupt und Schmaler, I, No. 144, ein Lied gefunden, das geradezu wörtlich mit dem zuerst aufgeführten Übereinstimmt. Es ist gewiss, wie auch Haupt und Schmaler in der Anmerkung bereits erwähnt haben, Uebertragung aus dem Deutschen zu vermuten.

Hierher gehört auch zum Teil das schon erwähnte: Die Aargauer Lieben, das mit dem bei Simrock No. 81 mehrere Zeilen gemein, dagegen keinen tragischen Schluss hat.

Ebenfalls tritt eine Katastrophe ein, als Agamemnon nach jahrelanger Abwesenheit endlich nach Argos wiederkehrt, wo inzwischen Klytemnästra und Äghist zwar nicht in einer Ehe, doch in ähnlichen Verhältnissen mit einander gelebt haben. Nun aber löst sich der Konflikt nicht, indem der Gatte die Frau oder etwa ihren Buhlen tötet, sondern indem diese beiden den Gatten umbringen.*)

————————

*) Vgl. ausser Homer, Odyss. IV u. XXIV, V. Alfieri's Tragödie Agamemnone.

II.

Alle bisher angeführten Lieder hatten das gemeinsam, mit alleiniger Ausnahme des bei Tarbé, dass der Mann nach der Hochzeit der Frau zurückkehrte. Eine Wiedervereinigung der beiden war da so gut wie ausgeschlossen. Dass sie trotzdem stattfindet, ist mir nur zweimal begegnet: in der Erzählung der Doña Mencia de Mosquera (Le Sage, Gil Blas, Liv. I, chap. XI) und in einer Novelle Boccaccio's (X,9), auf die ich noch zu sprechen komme.

Anders verhält es sich, wenn der Mann noch am neuen Hochzeitstage seiner Frau heimkehrt. Da sind nicht nur die schon bekannten Ausgänge, Verzicht des Mannes und Katastrophe, benutzt worden, sondern auch — und was stünde ihm im Wege? — die Wiedervereinigung der beiden Gatten oder Verlobten.

Zuerst sei der rührenden Erzählung Paul Féval's gedacht. „La Chanson du Poirier" hat er sie genannt, und allerdings, obgleich man Prosa vor sich hat, man glaubt ein Lied zu vernehmen.

Pierre liebt Perrine, des Pächters schmuckes Töchterlein; unter dem blühenden Birnbaum verloben sie sich. Da kommt der Krieg und die Aushebung. Pierre zieht die höchste Nummer und ist frei: seinen Milchbruder Jean, einer armen Mutter einzigen Sohn, trifft das Los. Pierre tritt für ihn ein und zieht in den Krieg; Perrine verspricht auf ihn zu warten. Er zeichnet sich aus, wird Unteroffizier, Lieutenant, Hauptmann, und, mit dem Ritterkreuz der Ehrenlegion geschmückt, zieht er frohen Herzens der Heimat zu. Er erkennt den Kirchturm, er hört die Glocken läuten.

Mais le poirier? Le mois des fleurs est venu, et pourtant je n'aperçois pas la meule*) fleurie. Autrefois, on le voyait de loin;

---

*) Meule (nach Sachs von métula die kleine Pyramide) der (eigentlich pyramidenförmige) Heuschober. La meule fleurie würde ich übersetzen: die blühende Pyramide.

c'est qu'alors il était debout. — Ils avaient coupé l'arbre de mes jeunes tendresses. Il avait eu ses fleurs, toutes ses fleurs si gaies! mais les branches dispersées gisaient dans l'herbe.

Ist das nicht dieselbe Stimmung wie im Liede vom Baum im Odenwald? Es ist Hochzeit im Dorf. Die Vermählten treten aus der Kirche; und wer ist es? Perrine und Jean. — Er pflückt eine welke Blüte vom toten Birnbaum und kehrt in den Krieg zurück und stirbt. Diesen Vorgängen hat Paul Féval einen grossen historischen Hintergrund gegeben. Sie spielen in der Zeit Napoleons I., und es sind die Kämpfe bei Wagram und in Russland, an denen Pierre teilnimmt.

Marcel Prévost's Nouvelle „D'siré" hat das gleiche Thema zur Grundlage. Die Ausführung ist weniger anziehend als bei Féval. Der Inhalt ist kurz folgender:

Justin Pauly, ein junger Dorfschullehrer, hat seinen Unterricht beendet und wendet sich, sein Mittag einzunehmen, der benachbarten Herberge zu. In der Stube sitzt ein einziger Gast, dem Aussehen nach ein Landstreicher, in einer Ecke, die Ellenbogen auf den Tisch, den Kopf in die Hände gestützt, lautlos und düster vor seinem Glase. Pauly setzt sich an den bereits gedeckten Tisch, entfaltet die Serviette, und da trägt auch schon Henriette Lucotte die dampfende Suppe herein. Beide begrüssen sich traulich; denn sie sind sich gut, obwohl es noch keiner dem andern gestanden. Er erkundigt sich nach dem einsamen Gaste, sie weiss nichts Näheres über ihn, setzt sich an des Geliebten Seite und plaudert mit ihm über die Begebenheiten des Tages; er erzählt ihr von seinen Schülern, ihren Leistungen und tollen Streichen. „Und noch immer keine Nachricht von drüben?" fragt er endlich zögernd. Sie verneint es. „So wird es mit ihm aus sein." fährt er fort, und „der arme D'siré!" fügt Henriette schluchzend hinzu; denn der arme D'siré ist ihr erster Verlobter, der sich nach China hat anwerben lassen und allgemein tot gesagt wird. Auf alle ihre Er-

kundigungen hat sie nur diese Antwort erhalten. Pauly
tröstet sie und gesteht ihr seine Liebe, die das Mädchen
in vollem Masse erwidert. In ein Winkelchen des Zimmers
gedrückt, wo sie sich ungesehen glauben, geniessen sie der
Freuden des glücklichen Augenblicks. Da wird ein Tisch
gerückt und schreckt sie mit seinem Geräusch auseinander.
Der Fremde ist aufgestanden, leert sein Glas auf einen
Zug, stampft es auf den Tisch, wirft das Geld daneben
und, den starren Blick auf das Paar geheftet, wankt er
lautlos zur Thür hinaus. Sie achten seiner nicht und
kosen weiter. Plötzlich reisst Henriette sich los. Ihr ist
des Fremden Blick wieder eingefallen, sie erinnert sich
dessen, der sie einst so angeschaut, und sie eilt ins Freie.
Pauly folgt ihr ahnungsvoll. Doch nirgends im Dorf ist
eine Spur von dem Fremden zu entdecken.

„Seulement, au point où, vers l'horizon, le ciel bleu coupait
cette route blanche, ils aperçurent une petite tache noire — qui
s'éloignait."

Der Schluss ist ergreifend, und er weckt zuerst wirk-
liches Mitgefühl mit dem Ärmsten, der im fremden Land
kein Glück gefunden und nun, in die Heimat zurückgekehrt,
auch sein Liebesglück verloren sehen muss, auf das zu
hoffen vielleicht allein ihn aufrecht erhalten hat in allen
Mühen und Beschwerden.

Ein Lied, welches denselben Stoff behandelt, findet
sich in den Dainos des G. H. F. Nesselmann No. 57.*)

---

*) Auch in den Volksliedern des Engadin ist das Thema be-
handelt worden. Vgl. Gröber, Grundriss II, p. 224: Anderswo
trifft der Mann nach den sieben im Kriegsdienst zugebrachten
Jahren eben ein, als seine Frau dem zweiten Manne angetraut
worden: er weist seinen Ring vor, und die bestürzte Frau ruft
aus: „Ich dachte keinen Mann zu haben, und jetzt habe ich deren
zwei!" — Das Lied selbst — bei Igl Ischi, Organ della Romania,
herausgeg. v. C. Decurtins, Basel 1897 — habe ich leider nicht
erlangen können, weiss also nicht, ob es mit diesem Ausruf der
Frau schliesst, oder ob sich weitere Vorgänge daran knüpfen.

1. Seht den Vogel, seht den Falken
Hoch in Lüften schweben,
Ach, geläng' es mir, zu locken
Ihn in meine Kammer.

2. Lieber Vogel, bunter Falke.
Sag' mir etwas Neues!
„Gerne will ich dir erzählen,
Nur nicht eben Gutes.

3. Sieh, mit einem andern hat sich
Schon verlobt dein Mädchen."
Sattle, Diener, mir den Braunen,
Ich will auch dabei sein.

4. Als sie hinging in die Kirche,
War sie noch 'ne Jungfrau,
Als sie auf der weissen Bank sass.
Eine hohe Dame.

5. Kam herauf der Mond gestiegen
Zwischen zweien Sternlein,
Zwischen zweien Schwägerinnen
Sass mein liebes Mädchen.

6. Als sie hinging zu der Trauung,
Stellt' ich mich daneben:
„Gieb das Ringlein, liebes Mädchen,
Das ich kaufte, wieder.

7. Geh' nur hin, geh' hin, mein Mädchen,
Lass es dich nicht grämen;
Zwar mein armes Herz, das weinet,
Doch um dich nicht klagt es."

Dieses Mal geht der Liebhaber nicht ohne weiteres
fort, nachdem er den Wechsel der Verhältnisse erkannt
hat: er nähert sich vielmehr dem Mädchen und verlangt
den Ring zurück, den er einst gekauft habe. Auch die
Rückkehr wird anders als sonst motiviert. Bei Paul Féval
war das Ende des Krieges der Anlass zur Heimkehr; hier
— wahrscheinlich handelt es sich um keinen Krieger —
veranlasst eine trübe Nachricht den Mann, seine Geliebte
aufzusuchen. Und wer ist diesmal der Träger dieser

Nachricht? Nicht die Gefährten in der Heimat, kein Brief, sondern ein Vogel, ein Falke. Von solchen Liedern, in denen es zu einer Katastrophe kommt, ist schon das bei Tarbé, II, 122 ff: „Le retour du cavalier" behandelt worden. Ein zweites findet sich bei Herder (St. d. V. I,1, No. 11): Zaidas traurige Hochzeit. Zaida hat dem edlen und tapferen Gazul, den sie sechs Jahre geliebt, schliesslich einen schlechten Mohren, den Albenzaid, vorgezogen,

<blockquote>
Weil er reich und in Sevilla
War Alcaide von Alcazar.
</blockquote>

In Xeres findet die Hochzeit statt. Dorthin reitet Gazul, tötet den Bräutigam, nicht, wie es bisher geschah, die treulose Gattin oder Geliebte, und, ohne sich um diese zu kümmern, sprengt er wieder davon.

Seltsame Vorgänge berichtet das schwedische Lied: Der unerwartete Hochzeitsgast (G. Mohnicke, a. a. O. I, No. 28).

<blockquote>
1. Zwei waren, die sich liebten,
Sie hielten einander wert.
Der Bräutigam hin nach fremdem Land
Von seiner Braut nun fährt.

2. Der Bräutigam wollte reisen
Weg von der Liebsten sein:
„O lass dich nicht verführen,
Bald kehr' ich wieder heim."

3. Und als er war gereiset,
Da kam ein andrer an,
Und dieser ihr so wohl gefiel,
Dass sie ihn liebgewann.

4. Der Bräut'gam dieses bald erfuhr,
Ganz anders war sein Sinn,
Er sattelte sein treues Ross
Und ritt zur Hochzeit hin.

5. Der Bräutigam dies bald erfuhr,
Ein andres fiel ihm ein;
Er wechselt seine Kleider
Und geht zur Stub' hinein.
</blockquote>

6. Er bat sich aus zu tanzen
Ein Weilchen mit der Braut.
Ihr Herz fing an zu schlagen,
Das Mägdlein wurde bleich.

7. Da fing er an zu tanzen,
Und tanzt' einen langen Tanz;
„Ach höre, schöne Jungfrau,
Warum bist du so blass?"

8. „„Warum ich bin so blass?
Warum mir ist so bang'?
Ein andrer mich verlocket hat,
Wie fort du warst so lang.

9. Wohl mag ich sein so blass,
Wohl mag ich sein nicht rot;
Ein andrer mich verlocket hat,
Er sprach, du wärest tot.""

10. Und als er ausgetanzet
Den langen Tanz mit ihr,
Da sprang er in die Kammer,
Schlug zu die Kammerthür.

11. Hin setzt er sich, zu schreiben
Einen langen Abschiedsbrief.
Da nahm er nun sein Stundenglas
Und sahe, wie es lief.

12. Und als es ausgelaufen war,
Und um das Stündelein,
Da nahm er sein vergüldetes Schwert,
Stach sich's ins Herz hinein.

13. Wie wilde Ströme fliessen,
Sein rotes Blut nun rann;
Da macht er auf die Thüre:
„Schön' Jungfrau, komm heran!"

14. O kommt, ihr Mädchen alle,
Und seht, wie das betrübt,
Wenn falsche Wort' ihr sprechet,
Und einen andern liebt.

15. Doch kannst du Rosen holen
Vom Fels, wo keine sitzt?
Und kannst du Liebe finden,
Wo keine Liebe ist?

Dem Moment, dass der Konflikt durch den Tod des Mannes gelöst wird, sind wir schon beim Agamemnon begegnet. Das Neue in diesem Liede ist, dass der Mann nicht getötet wird, sondern sich selber tötet. Die Darstellung der Vorgänge ist recht unschön und unnatürlich. Klingt es nicht wie ein moderner Zeitungsbericht, wenn man liesst:

> Hin setzt er sich, zu schreiben
> Einen langen Abschiedsbrief?

Und wie unpassend ist der Vergleich:

> Wie wilde Ströme fliessen,
> Sein rotes Blut nun rann.

Fast dieselben Vorgänge behandelt Ernst von Houwald's einaktiges Trauerspiel: Die Heimkehr (Reclam, Univers.-Bibl. 758). An die Stelle des Jünglings und des Mädchens treten wieder Gatte und Gattin. Nach achtzehnjähriger Abwesenheit kehrt der in den Krieg gezogene Heinrich Dorner zurück und findet sein Weib Johanna mit dem Förster Wolfram vermählt. Falsche Nachricht über den Tod des ersten Gatten ist auch bei ihr Veranlassung zur neuen Ehe gewesen. Dorner beschliesst, den Räuber seines Glücks zu töten, und hat bereits Gift in Wolfram's Wein gegossen. Als er jedoch erkennt, dass sein Weib an der Seite des stillen, edlen Wolfram höheres Glück gefunden, als er bei seinem unstäten Soldatenleben ihr hätte bieten können, als selbst seine Tochter Maria erklärt, bei einer Wahl zwischen ihrem rechten Vater und ihrem Stiefvater bei diesem bleiben zu wollen, da trinkt er selbst den Giftbecher.

Ernst Wichert hat denselben Stoff behandelt in der littauischen Geschichte: Für tot erklärt (Reclam, Univ.-Bibl. 1117). Er hat sich dabei an Tennyson angeschlossen. Die Erzählung spielt auf der Nehrung des kurischen Haffes. Wie im englischen Gedicht sind es zwei Freunde, ein Seemann und ein Krügerssohn, welche dasselbe Mädchen,

Annika*) mit Namen, lieben. Der Seemann Peter Klatt
gewinnt sie gegenüber dem schüchternen Konrad Hilgruber.
Der Fortgang der Handlung ist wie bei Tennyson. Peter
Klatt geht zur See, bleibt lange aus, wird „für tot erklärt"; Annika gerät in Not, wird von Konrad, der sie
noch immer liebt, unterstützt, giebt seinen Werbungen
nach und heiratet ihn. Den Schluss hat Wichert in eigener
Weise behandelt. Am Hochzeitstage, nach vollzogener
Trauung, als das ganze Dorf im Krug sich ausgelassenster
Freude hingiebt, erscheint Peter Klatt. Er verlangt sein
Weib zurück: Konrad verweigert sie; Annika besitzt also
zwei Gatten. Wem soll sie angehören? Ihr Herz spricht
für Peter, Pflicht gegen ihren Wohlthäter und Menschen-
satzung sprechen für Konrad; denn Peter ist gerichtlich
für tot erklärt worden, hat also nach dem Gesetz jeden
Anspruch auf sie verloren. Diesen Konflikt zu lösen,
beschliesst sie, keinem anzugehören, und wählt den Tod.
Über ihrem Grabe versöhnen sich die getrennten Freunde.
Boccaccio's 9. Nouvelle des 10. Tages ist gleichfalls
zu nennen: Il Saladino in forma di mercatante è onorato
da Messer Torello: fassi il passaggio: messer Torello dà
un termine alla donna sua a rimaritarsi: è preso, e per
acconciare uccelli viene in notizia del Soldano, il quale,
riconosciuto e sè fatto riconoscere, sommamente l'onora:
messer Torello inferma, e per arte magica in una notte
n'è recato a Pavia, et alle nozze, che della rimaritata sua
moglie si facevano, da lei riconosciuto, con lei a casa sua
se ne torna.

Wie Peter Klatt kehrt der Gatte am neuen Hochzeitstage seiner Gattin nach vollzogener Trauung zurück. Doch
ist die Folge nicht, wie dort, eine Katastrophe, sondern
eine friedliche Lösung des Konflikts. Die Gattin, welche
ihren totgeglaubten Gatten an einem Ringe wiedererkennt,

*) Der Name „Anna" spielt eine gewisse Rolle in diesem Zu-
sammenhange; vgl. „Annie" bei Tennyson, im russischen Liede
„Anna" L'wowna.

strebt nur darnach, mit ihm vereinigt zu sein, und kümmert sich nicht weiter um den neuen, der ihr ja doch nur aufgedrungen worden ist. Und der neue Gatte ist einsichtsvoll genug, die Frau von dem eingegangenen lästigen Verhältnis zu entbinden, so dass der Vorgang zu allgemeiner Zufriedenheit endet.

Nach solchen Behandlungen, wie wir sie eben gefunden, lag es nahe, den Mann statt nach der Trauung, vor derselben zurückkehren zu lassen, so dass einer Wiedervereinigung der fast für immer Getrennten nun nichts im Wege steht. Ein, wie mir scheint, treffendes Beispiel giebt Nigra, a. a. O. 28 ^{b}, III:

Lo re l'à scrit na letra; an guera a bzogna andè.
Galant a l'è stáit via sel agn sensa turnè.
La povra Margherita la völo maridè.
Al fin de li set ani galant l'è riturnè.
Va a cà d'madama l'osta: — M'vorissi 'n po' logè?
— S'a l'è 'l prim giurn dle nosse, poduma pa logè;
Na gran cavalaria ancöi dev arivè. —
E 'l pare sort di fora: — Dragun, intrè dadnans,
Faruma bela cera a tüit ch' a's presentran. —
Dragun si seta a táula, a s'è biità a cantè;
J'à dumandà le carte, le carte për giüghè:
— O porlè sì le carte, le carte për giüghè,
Për guadagnè la bela e për mnè-la a cugè. —
Lë spus a j'à bin dì-je: — Dragun, blaghè pa tant,
Vi fru surtir da caza sensa tardè n 'istant.
— Sta sì l'è mia mitressa, mi sun so prim amant,
Mi n' andarò spuzè-la sensa tardè n' istant. —
La bela Margherita s'è largà 'nt i so brass:
— Cun ël me prim amante che mi vöi riturnar. —

Aus der Wirtin Angabe, dass noch na gran cavalaria, also eine grosse Zahl Gäste, ankommen müsse, schliesse ich, dass die eigentliche Feierlichkeit noch nicht begonnen, und der Mann vor der Vermählung angekommen ist.

Ein weiteres Beispiel findet sich bei Bellermann, a. a. O. No. 23 unter dem Titel: A noiva arraiana. Diesmal kehrt der Mann bereits am Tage der Verlobung zurück, rechtzeitig genug, um die für den folgenden Tag angesetzte

Trauung aufzuhalten. Da das Mädchen, durch falsche Nachricht von seinem Tode zur Untreue verleitet, ihm seine Zuneigung bewahrt hat, so hindert nichts die Verbindung der beiden.

Sehr ausführlich ist dieser Stoff behandelt in der spanischen Romanze vom Conde Dirlos (Wolf und Hofmann, a. a. O. II, p. 129 ff.; Duran, a. a. O. I, 198). Graf Dirlos, erst kurze Zeit mit einer jungen Gattin vermählt, wird durch einen Brief Karls des Grossen aufgefordert, in die Reiche des Mauren Aliarde zu ziehen, um ihn für eine dem Kaiser zugefügte Beleidigung zu strafen. Ehe er fortgeht, setzt er seine Gattin zur Erbin seiner Güter ein und stellt sie unter den Schutz Karls und seiner Paladine. Sieben Jahre soll sie auf ihn warten; kehre er im achten nicht zurück, dann möge sie im neunten sich wiederverheiraten. Damit zieht er hin, besiegt den Mauren und macht ihn tributpflichtig. Es vergehn fünfzehn Jahre: keine Nachricht hat er heimgesandt, und auch seine Krieger, durch Schwur gebunden, haben es nicht gethan. Da treibt ihn ein Traum, in dem er seine Gattin wiedervermählt gesehen, nach Frankreich zurück. Seine Leute lässt er schwören, seinen Namen zu verhehlen, und sein Gesicht ist von der Sonne verbrannt und noch unkenntlicher durch die langgewachsenen Haare. Er kommt zu seinen Burgen und findet die Wappen verwandelt. Er fragt nach dem Grunde und erfährt, dass der Infant Celinos die Gräfin heiraten werde: Briefe hätten des Grafen Dirlos Tod gemeldet. Unerkannt reitet er nach Paris zu seinem Onkel Don Beltran und giebt sich ihm zu erkennen; dasselbe thut er der Gräfin und später Karl dem Grossen gegenüber. Celinos flüchtet. Ein Zweikampf zwischen dem Grafen und Roland und Olivier, welche dem Celinos beigestanden haben, wird in Güte beigelegt.

Nicht minder ausführlich berichtet die Sage vom edlen Moringer, der zum hl. Thomas wallfahrte, nach sieben Jahren wiederkam, als seine Gattin gerade ihre Hochzeit mit dem Herrn von Neufen feierte. Durch einen Ring

gab er sich ihr zu erkennen und vereinigte sich auf's neue
mit ihr. (Vgl. Müller, Schambach, a. a. O., wo auch über
die anderen hier zu nennenden Sagen: von Heinrich dem
Löwen, dem Grafen Calw, von Gerhard von Holenbach
ausführlich gehandelt ist, ferner L. Uhland, Alte hoch-
und niederdeutsche Volkslieder, Stuttgart und Tübingen
1845, 2. Abteilung, S. 773 unter No. 298, was mir leider
nicht zugänglich gewesen ist; dazu sind herbeizuziehen
seine Bemerkungen in Uhland's Schriften zur Geschichte
der Dichtung und Sage, Bd. IV, S. 286, wo noch ein paar
Orte genannt sind, an denen der Stoff sich findet.)

Walter Scott hat im Marmion, V, 12, diesen Stoff behandelt in dem von Lady Heron gesungenen Liede vom
jungen Lochinvar.

Der junge Lochinvar kehrt aus dem Westen heim
und macht sich auf den Weg zu seiner Braut.

> But, ere he alighted at Netherby gate,
> The bride had consented, the gallant came late:
> For a laggard in love, and a dastard in war,
> Was to wed the fair Ellen of brave Lochinvar.

Der Grund ihrer Untreue ist nicht genannt; es scheint
aber, als habe sie dem Zwange gehorcht; denn leicht
beredet er sie, mit ihm zu fliehen:

> One touch to her hand, and one word in her ear,
> When they reach'd the hall-door, and the charger stood near.

Und so entführt er sie. Wohin? —

> There was mounting 'mong Graemes of the Netherby clan,
> Forsters, Fenwicks, and Musgraves they rode and they ran:
> There was racing, and chasing, on Cannobie Lee,
> But the lost bride of Netherby ne'er did they see.

Mit geringer Abweichung enthält dieselben Vorgänge
das neugriechische Volkslied: Die Entführung(Fauriel, II,23):

> Als jüngst ich sass und ass und trank an meinem Marmortische,
> Da wieherte mein Rappe laut, da klirrte mir der Säbel:
> Und ich verstand's im Herzen wohl, mein Liebchen wird vermählet,
> Sie haben als Verlobte sie gegeben einem andern,
> Sie segnen sie, sie kränzen sie mit einem andern Manne.

Er sattelt den schnellsten seiner Rappen, und wie der
Wind jagt er dahin:

> Er giebt die Gerte seinem Ross, da läuft es vierzig Meilen;
> Er giebt sie ihm zum zweiten Mal, da läuft es fünfundvierzig.

Unterwegs trifft er seinen Vater, welcher die Reben des
Weinbergs schneidet. Dieser bestätigt ihm seine Ahnung;
denn auf die Frage, wem der Weinberg gehöre, entgegnet er:

> „Dem Elend, ach! dem finstern Leid, dem Jannes, meinem Sohne.
> Heut geben seine Schöne sie an einen anderen Freier,
> Sie segnen sie, sie kränzen sie mit einem anderen Manne."

und vom Reiter gefragt, ob er noch zurecht komme:

> „Hast einen schnellen Rappen du, so triffst du sie bei Tische,
> Hast einen schweren Rappen du, so triffst du sie beim Segen."

Ebenso berichtet ihm die Mutter, die er nach einem
weiteren Wege antrifft. Endlich gelangt er zu seiner Braut:

> Da nahm sie einen Goldpokal und ging, ihm einzuschenken.
> „Steh' mir zur Rechten, schöne Braut, schenk' ein mir mit der Linken."
> Und seine Knie bog der Rapp' und oben sass das Mädchen.
> Er sprengt davon schnell, wie der Wind, die Türken nehmen Flinten.
> Den Rappen sahen sie nicht mehr und nicht einmal das Stäuben:
> Wer einen schnellen Rappen hatt', der sahe noch das Stäuben,
> Wer einen schweren Rappen hatt', sah nicht einmal das Stäuben.

Auch der Schluss der beiden Gedichte ist verwandt.
Die an der Hochzeit Beteiligten reiten dem Entführer
nach, die geraubte Braut ihm wieder abzujagen. Verlorene
Liebesmühl! Der kecke Räuber ist bereits in weiter Ferne
in Schutz und Sicherheit.

Eine durch die Begleitmomente eigentümliche Behandlung des nämlichen Themas ist mir in dem serbischen
Liede: Die Doppelbraut (Gerhard, a. a. O. I, 255 ff., unter
dem Titel: Jakschitsch Todor auch bei S. Kapper, a. a. O.
I, 3 ff.) begegnet.

Jakschitsch Todor verlobt sich mit Ikonia, der Königs-
tochter von Ofen oder Budim. Um die Hochzeit aus-

zurichten, reitet er nach Belgrad, bleibt aber vier Jahre
fort. Unterdessen verlobt sich Ikonia, wohl durch ihre
Mutter dazu bewogen, mit Iwan aus Swjesda. Dieser eilt
ebenfalls nach seiner Stadt, die Hochzeit vorzubereiten;
in 15 Tagen will er zurückkehren. Der König von Ofen,
welcher Todor lieber hat als Iwan, benachrichtigt jenen
von dem Geschehenen und fordert ihn auf, mit 100 Mann
herbeizuziehen, wenn er seine Braut nicht verlieren wolle.
Todor befolgt die Mahnung. Auch Iwan, von der Königin
gerufen, zieht herbei. Der König, welcher ihm Ikonia
zuführen soll, bringt sie zu Todor. Zwischen beiden Parteien
kommt es zum Kampf, in welchem Todor siegt. Er heiratet
Ikonia und schreibt der Königin höhnisch:

> „Hohe Herrin, Königin von Ofen!
> So du deine Tochter willst besuchen,
> Geh' nach Swjesda nicht zu Swjesditsch Iwan,
> Geh' nach Belgrad du zu Jakschitsch Todor!"

In dem Zuge, dass der Mann nach der neuen Verlobung, aber vor der Hochzeit seiner Braut heimkehrt,
gleicht das Lied der portugiesischen Romanze, von welcher
vorher die Rede gewesen ist. Der Zurückrufung des
Mannes durch Briefe sind wir schon öfter begegnet.

Ähnlichkeit mit der Geschichte von Jakschitsch Todor
bietet das Märchen vom König Esthmer (Herder, St. d. V.
I, 2, 22). Auch dieses berichtet von einer doppelten Verlobung und, nach dem Kampfe der beiden Bewerber, von
der Vermählung des Mädchens mit dem Sieger.

König Esthmer reitet mit seinem Bruder Adler aus,
die schöne Tochter Königs Adlands zu freien. Diese hat
sich am Tage vorher mit dem wilden Spanierkönig Bremor
verloben müssen, der sonst ihres Vaters Land zu verheeren
drohte. Sie verlobt sich nun freudig mit Esthmer. Dieser
reitet fort, die Hochzeit würdig vorzubereiten. Kaum ist
er gegangen, so erscheint der spanische König, die Braut
heimzuführen. Diese schickt schnell zu Esthmer und bittet
ihn um Hülfe. Durch Zauberei macht er sich unkenntlich,

und er und sein Bruder, als Harfner verkleidet, kommen
zu Adland's Burg zum Hochzeitsfest. Er reizt den Spanier
durch herausfordernde Reden; es kommt zum Kampf,
Bremor mit seinem Gefolge wird erschlagen.

> König Esthmer nahm die schöne Braut,
> Führt sie zum Weibe sich
> Daheim ins lust'ge Engelland
> Und lebt da fröhlichlich.

Auch darin gleichen die Erzählungen sich, dass,
während der eine Verlobte abwesend ist, die Hochzeit
auszurichten, der andere sie bereits ausgerichtet hat und
kommt, die Braut heimzuholen. Der begünstigtere, in
unserem Falle der zweite, bei „Jakschitsch Todor" der
erste, ist also in Gefahr, die Geliebte zu verlieren, kommt
aber, von dem drohenden Verlust in Kenntnis gesetzt,
noch zeitig genug, diese Gefahr abzuwenden.

Passend fügt hier sich an, was der altfranzösische
Parthenopeus-Roman berichtet. Die junge griechische
Kaiserin Melior schreibt ein Turnier aus, dessen Sieger
sie ehelichen wolle. Parthenopeus de Blois, ihr früherer
Geliebter, der jedoch ihre Gunst verscherzt hat, will sich
ebenfalls an dem Turnier beteiligen, wird aber kurz zuvor
von Seeräubern gefangen genommen. Bald jedoch erlangt
er die Freiheit wieder und kommt gerade zum Turnier,
also, wie Jakschitsch Todor und König Esthmer, in dem
Augenblick, wo er in Gefahr schwebt, die Geliebte für
immer zu verlieren. Er erringt den Sieg und Melior's Hand.

So kommt auch Odysseus gerade zurecht*), um durch
seinen Sieg im Bogenkampfe Penelope wenigstens ab-
zuhalten, sich einem der Freier zu vermählen.

---

*) Eigentlich waltet hier kein Zufall, da ja Pallas Athene es
ist, die, allerdings durch Penelope, den Wettkampf herbeiführt,
was sie wohl unterlassen hätte, wenn ihr Schützling Odysseus
fern gewesen wäre. Doch müssen wir von der göttlichen Ein-
wirkung absehen.

III.

Eine dritte Hauptbehandlung, welche unser Thema erfahren hat, ist die folgende. Der Mann trifft bei der Heimkehr mit der Gattin oder Geliebten zusammen, wird nicht erkannt und benutzt diese Situation, um die Frau auszuforschen, ob sie ihm treu geblieben; darnach erst giebt er sich zu erkennen. Wir sind diesem Zuge bereits in der Romanze vom Conde Dirlos begegnet. Auch dieser benutzte ein Incognito, um sich besser Kenntnis zu verschaffen von dem, was während seiner Abwesenheit in der Heimat vorgegangen. Andrerseits wird auf diese Weise des Mädchens Charakter erforscht. Um sie gegen ihren, wie sie glaubt, fernen Geliebten aufzubringen, erzählt ihr der Ankömmling, er sei durch ein Dorf geritten, da habe ihr Liebster gerade Hochzeit gemacht; wenn sie eine Bestellung an ihn habe, so könne er sie ausrichten. Das Mädchen offenbart dann die schönste Selbstlosigkeit, so dass der Fremde sich gerührt zu erkennen giebt und der Liebe und Treue den verdienten Lohn nicht vorenthält.

Sehr ausführlich findet diese Darstellung sich in dem wendischen Liede: Die Wiederkehr (Haupt und Schmaler I, No. 43).

1. Dort unten in dem tiefen Thal
Steht eine Linde schön und grün.

2. Zwei schöne Kinder sassen da,
Versprachen sich mit Herz und Mund
Der ehelichen Treue Bund.

3. ‚Mein Lieb, nun reis' ich fort fürwahr,
Noch muss ich wandern sieben Jahr.'

4. „Und musst du wandern sieben Jahr,
Will ich dir bleiben treu fürwahr."

5. Vergangen sind die sieben Jahr,
Dazu vier Wochen noch fürwahr.

6. Wohl in den Garten geht in Leid
Dort untern Rosenstrauch die Maid.

7. Dort sass und weinte sie gar sehr,
Das Warten ward ihr gar so schwer.

8. Da ritt ein Reiter nah' vorbei,
Der fragte so das Mägdelein:

9. ,Weswegen weinst du, Mägdelein?
Starb Vater oder Mutter dir?
Hast etwa einen bösen Mann?"

10. „Nicht Vater starb mir, Mutter nicht,
Und einen Mann, den hab' ich nicht.

11. Mein Liebster wandert weit umher
Und hat versprochen Wiederkehr."

12. .Bin gestern durchgeritten dort,
wo seine Hochzeit war am Ort.

13. Willst du ihm sagen lassen was,
Mitnehmen will ich gerne das.'

14. „Ich wünsche viel des Glückes ihm,
Ich gönne alles Gute ihm.

15. Ich wünch' ihm eine gute Nacht,
Dass meiner er vergessen mag."

16. Ab zog der Reiter ein Ringelein
Und warf ihr's in den Schoss hinein.

17. Das Mägdlein da ans Weinen kam,
Das Ringlein in den Thränen schwamm.

18. Hervor zog er ein Tüchlein fein
Und warf ihr's in den Schoss hinein.

19. ,Hier hast Mädchen ein Tüchelein,
Wisch ab dir deine Thränelein,
Und lass das bittre Weinen sein.

20. Ich wollte nur versuchen dich,
Ob du noch treulich liebtest mich.

21. Du liebtest mich so treu und rein,
Jetzt sollst du auch die meine sein,
Mein Schätzelein, mein Weibelein!'

Grosse Ähnlichkeit mit diesem zeigt das deutsche
Lied: Liebesprobe (Kn. W. p. 44): so gleich im Anfang:

> Es sah eine Linde ins tiefe Thal,
> War unten breit und oben schmal.
> Worunter zwei Verliebte sassen,
> Vor Lieb' ihr Leid vergassen.

Nachdem er von der vermeintlichen Untreue des Geliebten berichtet hat, fragt hier der Fremde ganz bestimmt:

> „Was thust du ihm denn wünschen,
> Dass er nicht gehalten seine Treu?"

Und nachdrucksvoll ist auch des Mädchens kurze Antwort:

> „Ich wünsch' ihm soviel gute Zeit,
> Soviel wie Sand am Meere breit."

Überhaupt giebt das deutsche Lied den Inhalt in
knapperer Form wieder als das wendische. Beide haben
sonst viel Ähnlichkeit, so dass gewiss ein Abhängigkeits-
verhältnis vorliegt. Hier wie dort dient ein Ringlein als
Erkennungszeichen, das Mädchen weint so sehr, dass der
Ring in den Thränen schwimmt, der Reiter giebt ihm ein
Tüchlein, damit es sie trockne; und auch der Schluss-
gedanke ist derselbe und wird nahezu auf dieselbe Weise
ausgedrückt:

> „Ich thu' dich nur versuchen,
> Ob du würd'st schwören und fluchen!
> Hätt'st du einen Fluch oder Schwur gethan,
> So wär' ich gleich geritten davon."

Haupt und Schmaler geben noch drei hier zu nennende
Lieder. Das erste: Erkaltete Liebe (I, No. 87) enthält
nichts Besonderes; in dem zweiten (I, No. 134): Der guten
Wünsche Lohn, verdienen des Mädchens Worte hervorgehoben zu werden; sie sind rührend in ihrer Einfachheit
und Innigkeit:

> „Gebe der Höchste ihm auch viel Glück
> Mit der ja doch viel Schöneren,
> Mit der ja doch viel Artigern.
> Schlimm wird's ihm gehen, und leid wird mir's sein,
> Wohl wird's ihm gehen, und mich wird es freu'n."

Der Schluss ist dem deutschen Liede ähnlich, wenn auch
nicht so bestimmt:

> ‚Hättest gewünscht du mir Elend und Leid,
> Hätt' ich wahrscheinlich dich nicht gefreit.‘

In diesem Liede kehrt übrigens der Mann schon nach ein-
jähriger Abwesenheit zurück.

Das dritte Lied (II, 15) bringt etwas Neues. Bisher
hatte der Mann als Grund für seine Entfernung angegeben,
er müsse noch sieben Jahre wandern. Über sein Ziel oder,
ob er überhaupt eins habe, war Näheres nicht gesagt
worden. Aufschluss darüber giebt das eben genannte Lied,
worin es ausdrücklich heisst:

> Der Liebste reitet in den Krieg,
> Die Liebste seufzet so schwer.
> ‚Wenn in dem Frühling die Rosen blühn,
> So komme ich wieder nach Haus.‘

Wie kommt es, fragen wir weiter, dass er bei seiner
Rückkehr nicht wiedererkannt wird? In sieben Jahren
können mannigfachste Veränderungen mit einem Menschen
vorgehen, auch schon in einem Jahre: welches aber sind
diese Veränderungen? Dem Grafen Dirlos hatte die
sengende Süd-Sonne das Gesicht verbrannt und wildes
Haupt- und Barthaar es überwuchert und entstellt. Was
verunkenntlicht unseren Fremden? Auch darüber giebt
das erwähnte Lied Auskunft.

Nach sieben Jahren gräbt das Mädchen im Garten
und schaut dabei nach seinem Geliebten aus.

> Vorüber dort reitet ein Reitersmann
> Auf seinem braunen Rösselein,
> Hüllt in den roten Mantel sich ein.
> Dass ihn nicht erkenne sein Mägdelein.

Das Nicht-Erkennen von Seiten des Mädchens wird
also motiviert durch das Einhüllen in den Mantel. Die

Prüfung ist dann dieselbe wie sonst. Zuletzt giebt er sich
zu erkennen:

> „Ich wollte nur also prüfen dich.
> Ob du nicht etwa 'n anderen hätt'st."

Abweichungen vom bisher Üblichen in der Erkennungsscene bietet ein englisches Lied. Anderen Momenten, in
denen es sich vom vorhergehenden unterscheidet, sind wir
bereits begegnet. So lässt es den Aufbruch des Soldaten
zum Kriege ausser Acht und setzt erst mit dem Augenblick seiner Rückkehr ein. Die Zeit seiner Abwesenheit
wird nicht genau bezeichnet; es heisst nur:

> I left the lines and tented field.
> Where lang I'd been a lodger.

Der Grund, dass das Mädchen ihn nicht erkennt, kann
die verstellte Stimme sein, mit der er zu ihm spricht;
andere Veränderung mit ihm, woran man wohl ebenfalls
denken müsste, ist wenigstens nicht hervorgehoben. Was
den Schluss betrifft, so giebt sich der Soldat nicht zu
erkennen, sondern wird von dem Mädchen erkannt. Eines
Zeichens zu seiner Beglaubigung, z. B. eines Ringes, bedarf
es dann nicht mehr. Das anmutige Lied findet sich in
der Sammlung: The Songs of Scotland (Music edited by
J. Pittmann and Colin Brown, the Poetry with Notes by
Dr. Charles Mackay), p. 120 unter dem Titel: The Soldier's
Return.

> 1. When wild war's deadly blast was blawn.
> And gentle peace returning.
> Wi' mony a sweet babe fatherless.
> And mony a widow mourning.
> I left the lines and tented field.
> Where lang I'd been a lodger.
> My humble knap-sack a' my wealth.
> A poor and honest sodger.
>
> 2. At length I reach'd the bonnie glen
> Where early life I sported:
> I pass'd the mill and trystin' thorn
> Where Nancy oft I courted.

Wha spied I but my ain dear maid
Beside her mother's dwelling!
And turn'd me round to hide the flood
That in my een was swelling.

3. Wi' altered voice quoth I, 'Sweet lass.
Sweet as yon hawthorn's blossom:
O! happy, happy may he be
That's dearest to thy bosom!
My purse is light. I've far to gang.
And fain I'd be thy lodger,
I've served my king and country lang:
Tak' pity on a sodger.'

4. Sae wistfully she gazed on me,
And lovlier was than ever:
Quo' she. "A sodger once I lo'ed,
Forget him will I never!
Our humble cot and hamely fare,
Ye freely shall partake o't:
That gallant badge, the dear cockade,
Ye 're welcome for the sake o't."

5. She gazed, — she reddened like a rose,
Syne pale as ony lily:
Then sank within my arms and cried,
"Art thou my ain dear Willie?"
'By him who made yon sun and sky,
By Whom true love 's regarded,
I am the man! And thus may still
True lovers be rewarded.'

Ähnlichheit damit hat das Hebel'sche Gedicht: Der
Bettler (a. a. O. No. 23). Der Mann kehrt verkleidet heim:
er hat ein Bettlergewand und einen falschen Bart angelegt.
So unerkannt prüft er das Mädchen und überzeugt sich
von seiner Treue. Das Gedicht hat übrigens historischen
Hintergrund wie die Erzählung Paul Féval's. Der Mann
hat im siebenjährigen Kriege unter Laudon gedient, dann
ist er in Corsica Dragoner — schon bei Nigra 28b III
war der Soldat als dragun bezeichnet — gewesen und hat
unter Pascal Paoli für die Unabhängigkeit der Insel ge-
fochten. Das Gedicht hat folgenden Wortlaut:

En alte mâ, en arme mâ,
er sprichtich um e woltât â,
e stückli brôt ab euem tisch,
wenn's eue gûte willen isch!
he jo dur gottes wille!

Im sturm und wetter, arm und blôss,
gebôre bini uf der strôss,
und uf der strôss in sturm und wind
erzogen, arm, e bettelchind.
druf, woni chräftig worde bî,
und d'eltere sind gstorbe gsî.
se hani denkt: soldâte-tôd
isch besser, weder bettelbrôd.
i ha in schwarzer wetternacht
vor Laudons zelt und fâne gwacht:
i bi bi'm Paschal Paolî
in Corsica dragûner gsî.
und gfochte hani, wie ne mâ,
und blût an gurt und saebel ghâ.
i bi vor menger batterî,
i bi in zwenzig schlachte gsî.
und ha mit treu und tapferkeit
dur schwert und chugle 's lebe treit.
z'letzt hen si mi mit lâmem arm
in's elend gschickt: dass gott erbarm!
he jo, dur gottes wille!
„Chumm, arme mâ!
i gunn der's, wienis selber hâ.
und helf der gott us dîner nôt
und trœst dî, bis es besser gôt."

Vergelt's der hêr, und dank der gott,
du zarten engel wîss und rôt,
und geb der gott e brâve mâ! —
was lûgsch mi so biwegli â?
hesch öbben au e schatz im zelt,
mit schwert und ross im wîte feld?
biwâr di gott vor wê und leid,
und geb dim schatz e sicher gleit.
und bring der bald e gsunde mâ!
's gôt zimli scharf vor Mantuâ.
's cha sî, i chönnt der meldig gê —
was lûgsch mi â, und wirsch wie schnê?
denkwol, i henk mi bettelgwand,

4*

mi falsche graue bart an d'wand?
iez bschau mi recht. und chennsch mi nô?
geb gott. i seig gottwilche dô!
„Hôr Jêsis. der Fridli, mi Fridli isch dô?
gottwilche. gottwilche, wol chenni di nô!
wol het mi bigleitet di liebligi gstalt
uf duftige matten. im schattige wald,
wol het di bigleitet mi b'chümmeret herz
dur schwerter und chugle, mit hoffnig und schmerz,
und briegget und betet. gott het mer willfahrt
und het mer mi Friedli. und het mer en gspart.
wie chlopft's mer im büse. wie bini so frô!
o müter, chumm weidli. mi Friedli isch dô.

Das Gedicht ist ausgezeichnet durch seinen frischen und natürlichen Ton. Mit Bezug auf den behandelten Stoff sagt Ernst Götzinger, der Herausgeber der Alemannischen Gedichte: „Wenn man sich daran erinnert, dass Hebel's Vater ebenfalls im siebenjährigen Kriege und in Corsica gedient hat. so liegt nicht allein eine Erinnerung an des Dichters Vater vor, sondern es scheint nicht unwahrscheinlich, dass eine wirkliche Erkennungsscene zwischen den Eltern Hebel's dem Gedichte zu Grunde liegt."

Auch im Französischen hat unser Stoff seine Behandlung und abweichend von der bisherigen gefunden in dem Liede: Le Retour du Mari*) (Rolland, a. a. O. II, 87 ff.).

1. Voilà bien dix ans
Que j'ai quitté la France.
L'empereur de Russie
M'a mis en liberté,
J'suis allé voir ma femme
Que j'avais épousé.

2. Un jour me promenant
Le long de la prairie,
J'ai rencontré ma femme
Qui m'y connaissait point.
Je m'suis approché d'elle,
Faisant mon air badin.

---

*) Ebenso in den Engadiner Volksliedern: vgl. C. Decurtins (b. Gröber. a. a. O.): In mehreren Liedchen kehrt der Mann, nachdem er sieben Jahre im Kriege gewesen, heim und prüft seine Gattin, die ihn nicht wiedererkennt, indem er ihr erzählt, er habe der zweiten Hochzeit ihres Mannes beigewohnt. Da sie trotzdem mit Segenswünschen des vermeintlich Fernen gedenkt, giebt er sich gerührt zu erkennen.

3. Je lui ai demandé:
Ma petite bergère,
Est-c'que de ta chaumière
Nous en sommes bien loin? —
Non! non! Monsieur, dit-elle,
Nous en sommes pas loin —

4. Allons-y aussitôt,
Ma petite bergère,
Nous brass'rons la couchette,
Nous y ferons l'amour,
Nous y ferons bombance,
Et la ·nuit et le jour. —

5. Retirez-vous, dit-elle,
Insolent que vous êtes,
Retirez-vous bien vite,
De moi vous éloignez,
J'entends venir mon frère,
Il vous f'ra décamper.

6. Ma belle, je ne crains point
La fureur de ton frère,
Ni celle de ton père,
Ta mère et tes amis:
Auprès de ta personne
J'y prendrais mes plaisi's.

7. Oui, je suis le galant,
Celui-là que tu aimes,
T'en souviens-tu, la belle,

Mais du dix-huite mai?
Nour étions à la chambre
Tous deux pour épouser.

8. Ton père le voulait bien,
Ta mèr' n'est pas contente,
Ton parrain Delacombe,
Le garçon du moulin,
Jean et Jacques Deforges
Étaient nos quat' témoins.

9. Le dimanche en après,
Mais la grande tristesse,
Adieu, ma chère femme,
Adieu, tous nos parents,
Faut aller à la guerre,
Voilà mon mandement.

10. Quand c'est au matin jour
Qu'il m'a fallu partire,
Le billet qu'on m'apporte,
Nous l'avons partagé.
Oh! tiens, oh! tiens, mignonne,
En voilà la moitié.

11. La bell' tout aussitôt
Tir' le sien de sa poche,
L'ont mis l'un contre l'autre,
Se sont bien réunis;
La bell' fondant en larmes
Embrassait son mari.

Hier handelt sich's nicht mehr um Verlobte, sondern um Mann und Frau, und dementsprechend ist auch die Art der Prüfung. Der Jüngling richtete an das Mädchen unschuldige Fragen; der Mann verlangt von seinem Weibe, was er zu verlangen berechtigt ist.

Ebenso verfährt der Gatte in der portugiesischen Romanze: A bella Infanta (Bellermann, a. a. O. No. 12). Die Infantin sieht von ihrem Rosengarten aus die stolze Flotte landen. Den herzutretenden Kapitän fragt sie, ob er ihren Gatten nicht gesehen dort, wo Christus einst gewandelt (Na terra que Deus pisava). Nachdem er sich besondere Merkzeichen hat nennen lassen, teilt er ihr mit,

dass ihr Gatte gefallen sei. Auf die Klage der Infantin
erbietet er sich jedoch, ihn wieder herbeizuschaffen, und
fragt sie nach der Belohnung, welche er dafür erhalten
werde. Gold und Silber, drei Mühlen, drei Orangengärten,
ihre drei Töchter, eine zur Ehe, zwei als Sklavinnen, alles
weist er zurück; sie allein will er besitzen. Als die Infantin
solch Begehren entrüstet abweist und mit schwerer Strafe
droht, giebt er sich zu erkennen und zeigt als Beglaubigung
seiner Rede und seiner Person die Hälfte eines Ringes
vor, den beide in der Abschiedsstunde geteilt haben.

Weniger energisch handelt der Gatte in dem catala-
nischen Liede: La Tornada del Pelegrí (F. Pelay Briz,
a. a. O. V, 67). Der Ankömmling, ein Ritter, welcher
sich für einen Pilger ausgiebt, berichtet der Frau wie
gewöhnlich, ihr Gatte sei gestorben; als er dann die
Wirkung dieser Kunde auf die Frau sieht, welche selbst
den toten Gatten aufsuchen will, er also an ihrer Treue
nicht zweifeln kann, giebt er sich sofort zu erkennen mit
den einfachsten Worten:

> "No hi vaja, linda senyora,
> Que'l seu marit es aquí."

Das angedeutete Moment, wonach die Frau den Gatten
aufsuchen will,[*]) ist in dem italienischen Liede: La Prova
d'Amore (Antonio Gianandrea, p. 270) in der Weise ausgeführt worden, dass ein Mädchen sich wirklich aufmacht,
seinen langausbleibenden Geliebten zu suchen, und ihm
unterwegs, nicht erkennend doch erkannt, begegnet. Darauf
folgt die Liebesprobe in der bekannten Art.

---

[*]) An dieses Moment haben auch die zahlreichen Darstellungen
angeknüpft, wo ein Mann seine Frau im Stich lässt, die Frau ihn
sucht und nach mancherlei Beschwerde endlich wiederfindet. Der
Gatte, von ihrer Treue gerührt, kehrt willig zu ihr zurück. Alle
diese Darstellungen gehen auf die bekannte Episode aus dem
Leben der Eltern Thomas a Becket's zurück. Vgl. darüber die
Abhandlung unter Young Beichan bei F. J. Child, The English
and Scottish popular ballads (9 Bde. Boston 1883–94) II, No. 53.

Ballè, ballè, ragazze,
questa è ora da maritè:
— Jo non vo' ballà nè ridè,
che'l mio core è appassionè!
Lo mio amore è 'ndato in guerra,
chi sa quanno ritornerà!
Ritorni o non ritorni,
lo mi' amor sempre sarà.
Si sapessi io la strada,
l'anderebbi à 'ncontrà:
Dimannanno, dimannanno
io la strada la 'mpararò. —

Quanno fu a mezza strada
'ncontra un giovine cavalier.
— Dicè, dicè, bel zovine,
da che parte no venì'?
Ne viengo dalla guerra,
l'è tre anni che so' soldà;
— Dicè, dicè, bel zovine,
l'hi vedutto 'l mio primo amor?
— Scì, scì, che l'ho veduto,
l'ho veduto a sopelll'.
— Dicè, dicè bel zovine
de che colore era vestì'? . . .

Gleiches besingt ein anderes italienisches Lied: Die
Liebesprobe (P. Heyse, It. L. p. 132), nur heisst es da,
abweichend vom vorigen,

Die Schöne steigt ins Schifflein
Und fährt hinaus ins Meer.

In einem calabresischen Liede ist die Prüfung des
Mädchens, wenn auch nicht so klar und weit wie sonst
behandelt, doch immerhin erkennbar angedeutet: vgl.
W. Kaden, p. 125: Die Rückkehr. Der Jüngling findet
seine Schöne am Flusse Wäsche waschend und bittet sie
um einen Trunk Wasser. Sie befiehlt ihren Mägden:

„Gebt's dem fremden Herrn aus den
Krügen, die im Schatten stehen."

Die Bezeichnung „fremder Herr", ob noch anderes wird
nicht gesagt, verleitet ihn, das Mädchen zu beschuldigen,
es habe sein vergessen.

„Bin nicht fremd, bei meinem Glauben,
Nur dass, wenn euch aus den Augen,
Ich verschwand auch aus dem Sinn euch."

An diesen Worten erkennt ihn das Mädchen und zeigt
ihm durch seine Freude, wie irrig seine Meinung gewesen.
Vielleicht gehören hierher die beiden neugriechischen
Lieder: Die unverhoffte Heirat (Fauriel II, p. 72/73) und:
Die Liebenden (ibid. p. 76/77), welche dann ein eigen-
artiges Verfahren des Mannes zeigen würden, die Treue

und nicht minder den Charakter des Mädchens zu erproben. Der Jüngling, welcher sich einer anderen zugewandt hat, kehrt endlich zurück, oder wird von einer Freundin der verlassenen ersten Geliebten zurückgerufen. Er erzählt ihr, die also diesmal wohl weiss, wer mit ihr redet, er wolle Hochzeit machen, sie möge mit zum Feste kommen, seiner Braut den Kranz halten und Pathin sein. Als das Mädchen bescheiden antwortet:

„Wohin du gehst, und wo du schläfst und wohnst bei einer andern,
Da denk' an meine Schönheit auch, sag' ihr von meinen Reizen,
Doch meinen grossen Unverstand, den woll' ihr nicht entdecken,
Nicht, dass mein Mund ein Springquell war und meine Lippen Wasser,
Und du in meinen Garten fielst und darin Blumen pflücktest,"

ruft er bekehrt aus:

„Lass dort die Nüsse werfen aus! Lass hin die Hochzeit fahren!
Wohlan, komm du, mein Täubchen, her, lass uns der Liebe pflegen!"

oder nachdrücklicher im ersten Lied:

„O Priester, wenn du bist ein Christ, und wenn du bist getaufet,
Verwechs'le mir den Hochzeitskranz, und setz' ihn auf der Pathin!"

War es bisher so, dass der Mann die Frau prüfte, so geschieht es andrerseits, dass die Frau den Mann auf die Probe stellt, sei es, um sich von seiner Treue zu überführen, sei es, um sich zu vergewissern, dass der Ankömmling wirklich ihr rechter Gatte oder Liebster ist. Vgl. dazu die wendischen Lieder: Der Schwager (Haupt und Schmaler, I, No. 118) und: Der liebste Schwager (ibid. II, No. 23). Um die Treue seines heimkehrenden Liebsten zu prüfen, giebt das neckische Mädchen sich selbst für untreu aus, indem es einen Jüngling, mit dem es eben gesprochen, als seinen neuen Schatz bezeichnet, gerade wie sonst der prüfende Jüngling den vermeintlich fernen Geliebten als treulos schilderte. Als der Fremde jedoch den neuen Liebsten zu erschiessen droht, lenkt sie erschrocken ein und versichert ihm, es sei ihr jüngster Bruder. Der ist ihm dann als liebster Schwager hochwillkommen. Das Lied, voll Anmut und Zierlichkeit, hat folgenden Wortlaut:

1. Was hab' ich doch Neues erfahren jetzt,
Mein Liebster, der will von mir fort.

2. Ich aber, ich geb' ihm den guten Rat:
‚Bleib' nur noch ein Jährchen bei mir.'

3. „Was hülf es, ein Jährchen zu bleiben bei dir,
Da wir so ganz nahrungslos sind.

4. Im Jugendmut, da verthun wir das Geld,
Und können uns nehmen doch nicht."

5. ‚Verthue, verspiele mir Boden und Grund,
Selbst zieh' ich dann hin in den Krieg.

6. Verthue, verspiele soviel du nur willst,
Das alles bezahl' ich für dich.

7. Das alles, das alles bezahl' ich für dich
Auf Heller und Pfennig genau.

8. Mit baren Thalern so gross und dick,
Mit Gulden von fränkischem Schlag.'

9. Der Bursche gehorchet dem Liebchen nicht
Und sprenget in Eil' von ihr fort.

10. Er ritt dahin durch das Meissnerland,
Er fand eine Schönere nicht.

11. Er kehrte dann wieder nach Hause heim
Zu seinem vorigen Lieb.

12. Der Bursche sprengte hinein in den Hof,
Sein Lieb auf der Schwelle stand.

13. Sein Lieb auf der Schwelle des Hauses stand,
Mit einem anderen sie sprach.

14. „Helf Gott dir, helf Gott dir, o Liebchen mein,
Ist's denn noch die vorige Zeit?"

15. ‚Die vorige Zeit, die ist es wohl noch,
Doch hab' ich 'nen anderen Schatz.

16. Es ist ein viel schön'rer, gehorsamerer,
Es ist ein viel zierlicherer.'

17. „Sprich so nicht, sprich so nicht, mein Mägdelein,
Sonst schiess' ich den Liebsten dir tot."

18. ‚O schiesse nicht, schiesse nicht, Liebster mein,
Mein Bruder, der jüngste, ist das.'

19. „Und wenn es dein Bruder, der jüngste, nur ist,
Der Schwager, der nächst' ist er mir."

Über sein Reiseziel, was nicht deutlich erkennbar ist,
sagt der Jüngling im zweiten Liede ganz bestimmt:

„Ich ziehe fort in den Krieg."

Ein andermal (b. Bujeaud, II, 84 ff) trifft der heimkehrende Gatte zuerst seine Kinder und erkundigt sich
bei ihnen nach ihrem Vater. Sie wissen von ihm nur,
was die Mutter erzählt hat, dass er nämlich schon sieben
Jahre fort sei. Dann geht er nach seinem Hause und
bittet die Frau um Aufnahme:

„Je suis un jeune homme écarté,
De moi, madame, ayez pitié."

Die Frau entschuldigt sich mit ihrer Armut und weist ihn
an die Nachbarn:

„Mettez un pied dans la maison,
Vous verrez ma pauvre misère;
Oh! devallez trois pas plus bas,
Les voisins vous refus'ront pas."

Aus solchen Reden ersieht der Mann, dass seine Frau
ihn nicht erkennt, und stellt an sie das nämliche Ansinnen
wie der Mann im Liede bei Rolland an die seinige:

„Vous pass'rez la nuit avec moi,
D'un très-grand cœur entre mes bras."

Die Frau weist ihn ab, indem sie, man sieht nicht recht,
ob sie ihn garnicht erkennt, oder nur im Zweifel ist,
zugleich denjenigen kennzeichnet, dem allein sie solchen
Umgang mit ihr gestatten wolle:

„Non, non, messieu, n'y a pas croyance,
A moins que ce n'soit mon mari;
Mais l'homme que j'ai épousé
Avait apporté de naissance
A-n-un pied l'envi' d'un raisin.“

Worauf der Gatte, aus der Beschreibung sich selbst erkennend, durch blosse Zustimmung offenbart, dass er der
rechte ist:

„A présent tu m'connais donc bien.“

Nicht so entgegenkommend und leichtgläubig zeigt
sich eine andere Frau, Germaine, dem Manne gegenüber,
welcher, an ihre Thür pochend, als ihr Gatte Einlass
begehrt (vgl. Puymaigre, Ch. pop. p. 11):

— Encor n'y croirais-je pas
Que vous êtes mon mari,
Ou bien vous me direz
Quel jour je fus épousée.

Und so muss er den Hochzeitstag genau bezeichnen. Doch,
selbst damit noch nicht zufrieden, muss er weiter berichten,
was dabei geschehen; und erst, als er auch darüber Bescheid gegeben:

— C'est arrivé, Germaine,
Que votre anneau rompit,

die eine Hälfte des Ringes vorgezeigt und nochmals
inständig gebeten hat:

Ouvrez, ouvrez, Germaine,
Ouvrez à votre ami,

wird ihm endlich aufgethan.*)

Noch hartnäckiger zeigt sich die Frau in einem
russischen Liede, welche sich nicht mit Zeichen begnügt,
die schliesslich auch anderen bekannt sein können, sondern

———— — -

*) Hier ist wiederum des Odysseus zu gedenken, der von
Penelope erst dann als ihr Gatte anerkannt wird, nachdem er seine
Ächtheit durch untrügliche Zeichen beglaubigt hat.

den Gatten erst anerkennt, nachdem er ihr Merkmale an
ihrem Körper genannt hat. Das Lied (b. Scherr, a. a. O.
II, 391) lautet folgendermassen:

1. ‚Heda! wer klopft so ungestüm
An meines Hauses Pforte?'
„Dein Gatte, Mascha, ist's, mach auf!“
‚Halt! gieb Erkennungsworte!'

2. „In deinem Hofe steht ein Strauch,
Der Nüsse viel mag tragen."
‚Ha, Schelm! fürwahr, das konnte dir
Der Nachbarn einer sagen.'

3. „In deiner Stube steht ein Bett
Von Ebenholz, dem braunen."
'Ha, Schelm! fürwahr, das mochte dir
Wohl zu die Amme raunen.'

4. „An deinem Busen ist ein Mal,
Inmitten beider Brüste."
‚Oh, auf die Thür! tritt ein Iwan!
Sei der von mir Geküsste!“

Anstatt der bisher getroffenen einseitigen Prüfung,
lässt ein neugriechisches Volkslied die Prüfung von beiden
Teilen geschehen. Erst überzeugt der nicht erkannte Mann
sich von der Gattin wandelloser Treue; dann, als er sich
bekannt, prüft diese ihn, ob er wirklich ihr Gatte, nicht
etwa ein Betrüger sei: und sie verfährt bei dieser Prüfung
nicht weniger behutsam und eindringlich, als jene russische
Frau, von der wir eben gesprochen. Das Lied selbst,
„Die Wiedererkennung" betitelt, steht bei Th. Kind, a. a. O.
p. 126 ff. Ich führe es vollständig an.

Die Erde glüht' im Rosenlicht, im Morgenglanz des Tages,
Die Berge röten lieblich sich, der Morgenstern verschwindet,
Die Vögel geh'n nach Futter aus, die Schönen zieh'n zur Quelle
Auch ich zieh' aus, ich und mein Ross, mit mir auch meine Hunde.
Ein Mädchen traf ich waschend an vor einem Marmortroge,
Und grüsse sie: nichts sagt sie mir, erwidert meinen Gruss nicht.
Mein Mädchen, bring' uns Wasser her, und sei das Glück dir günstig!
Damit ich trinke und mein Ross, mit mir auch meine Hunde.'
Und brachte vierzig Eimer voll, nicht sah ich ihr ins Auge.

Doch als sie zwei mir noch gebracht, sah ich ihr Aug' in Thränen.
,Was, Mädchen, sprich, was weinest du? Wem gilt der tiefe Seufzer?
Sag', hast du Durst, hast Hunger du, hast eine garst'ge Mutter?'
„Nicht dürstet's mich, nicht hungert's mich, hab' keine garst'ge Mutter,
Doch, wenn ich, Fremdling, hab'geweint, und wenn ich tief geseufzet.
Hab' in der Fremde einen Mann, und sind es schon zehn Jahre,
Und drei noch werd' ich warten sein, und fünf noch will ich warten,
Dann schneide ich das Haar mir ab, dann will ich Nonne werden,
Und zieh' ins einsame Gebirg', errichte dort ein Kloster:
Verzehre ihn das fremde Land und mich die schwarze Kutte."
,Gestorben, Mädchen, ist dein Mann, dein Mann ist tot, mein Mädchen:
Die Priester hab' ich selbst bezahlt, du, sagt' er, gäbst mir's wieder.
Hab'auch den Leichenschmaus bezahlt, du, sagt'er, gäbst mir's wieder,
Und einen Kuss auch gab ich ihm, auch den gäbst du mir wieder.'
„Wenn du die Priester hast bezahlt, geb' ich dir's doppelt wieder,
Wenn du den Leichenschmaus besorgt, geb'ich dir's doppelt wieder,
Und wenn du einen Kuss ihm gabst, magst ihm zurück den geben."
,Mein Mädchen, ich bin ja dein Mann, ich bin ja dein Geliebter.'
„So sag' des Hauses Zeichen mir, und ich will dann dir glauben."
'Ein Apfelbaum ist an der Thür, ein Weinstock steht im Hofe.
Auch ein Limonenbaum steht dort, und hast ihn selbst gepflanzet.'
„Das hat ein böser Nachbar wohl gesagt dir, und du weisst es:
Des Körpers Zeichen sag' mir an, und ich will dann dir glauben."
,An deiner Brust hast du ein Mal, ein Mal hast du am Halse,
Und mitten auf der Brust trägst du das Bildnis deines Mannes.'
„Ja, Fremdling, ja, du bist mein Mann, ja, du bist mein Geliebter!"

Konnte sich in diesen Fällen der Mann der treuen
Gattin freuen, so giebt es hinwiederum solche, wo er zu
seinem Leide erfahren muss, wie schnell sein Weib ihn
vergessen und sich über seine Abwesenheit zu trösten
gewusst hat. Dann geschieht es wohl, dass der Gatte,
entrüstet über die ihm widerfahrene Schmach, sich schreck-
lich an der Ungetreuen rächt, wie das italienische Lied:
La bella Margherita (s. Kopisch, Agrumi p. 230, Übersetzung von K. Witte ibid. p. 231: Übers. v. P. Heyse in
seinem It. L. p. 127; auch Diez hat dieses Lied übersetzt:
vgl. darüber die von A. Tobler veröff. „Diez-Reliquien"
im Archiv f. d. Stud. d. n. Spr., Bd. 92, S. 141—143, wo
noch ein paar Orte angegeben sind, an denen das Lied
sich findet) deutlich uns vor Augen führt.

1. Chi bussa alla mia porta
Chi bussa al mio porton? —
"Son' il Capitan dell'onde,
Son il vostro servitor." —

2, Se sei buon servitore,
Adesso ti vengo ad aprir:
La bella in camicetta
La porta vien a aprir.

3. "Ditemi un poco, mia bella,
Dove è vostro marit?" —
Mi marito sta in Francia,
Non puossi rivenir. —

3. "Ditemi un poco, mia bella.
Se vi sta a sentir?" —
La bella diede un sguardo . . .
Conobbe il suo marit.

5. Si butta in ginocchioni
E gli chiese perdon.
"Io non perdono donna
Che ha tradito me!"

6. Messe mano alla spada,
La testa le tagliò;
La teste fece zombo,
E in mezzo alla casa andò.

7. In mezzo alla sua camera
Ci nascerà un bel flor.
Fiore di Margherita,
Ch'è morta per amor.

8. Sonate le campane.
Ch'è morta Margherita.
È morta per amore.
È morta, non c'è più.

Der Gatte muss vorher bereits von der Treulosigkeit seiner Frau und ihrem Einverständnis mit dem Capitan dell'onde erfahren haben; warum gäbe er sonst sich für diesen aus? Wunderbar und märchenhaft klingt der Schluss von der Entstehung der Margheriten-Blume. Man erinnert sich unwillkürlich der Rosen dabei, die, nach der Sage, aus den Blutstropfen des sterbenden Adonis sprossten.[*)]

War im letztgenannten Lied der Mann jedenfalls von fremder Seite zur Prüfung seines Weibes veranlasst worden, so erzählen andere, wie er selbst, stutzig geworden durch ihre Reden, womit sie ihn von Haus entfernen möchte, beschliesst, sie auf die Probe zu stellen. Scheinbar geht er auf ihre Absicht ein, als müsse er eine Reise oder Ähnliches unternehmen, verbirgt sich aber in der Nähe, um bald zurückzukehren und die Treulose zu überraschen. So schildert den Vorgang das bekannte Langbein'sche Lied:

> Ein niedliches Mädchen, ein junges Blut,
> Erkor sich ein Landmann zur Frau, . . .

---

*) Ein weiteres, wenn auch unvollständiges Beispiel für diese Behandlung des Themas giebt Nigra, Canti No. 32 unter dem Titel: Margherita.

oder, wie es nach dem ursprünglicheren Text aus des
Knaben Wunderhorn (p. 239/40) lautet:

Es hatte ein Bauer ein schönes Weib,
Die blieb so gerne zu Haus.
Sie bat oft ihren lieben Mann,
Er sollte doch fahren hinaus,
Er sollte doch fahren ins Heu.
Er sollte doch fahren ins
Ha, ha, ha: ha, ha, ha, Heidildei,
Juchheisasa,
Er sollte doch fahren ins Heu.

Der Mann, der dachte in seinem Sinn:
Die Reden, die sind gut!
Ich will mich hinter die Hausthür stell'n,
Will seh'n, was meine Frau thut.
Will sagen, ich fahre ins Heu, u. s. w.

Da kommt geschlichen ein Reitersknecht
Zum jungen Weibe hinein,
Und sie umfanget gar freundlich ihn,
Gab stracks ihren Willen darein.
Mein Mann ist gefahren ins Heu, u. s. w.

Er fasste sie um ihr Gürtelband
Und schwang sie wohl hin und her,
Der Mann, der hinter der Hausthür stand,
Ganz zornig da trat herfür:
Ich bin noch nicht fahren ins Heu, u. s. w.

Ach trauter, herzallerliebster Mann,
Vergieb mir nur diesen Fehl.
Will lieben fürbas und herzen dich,
Will kochen süss Mus und Mehl:
Ich dachte, du wärest ins Heu, u. s. w.

Und wenn ich gleich gefahren wär
Ins Heu und Haberstroh,
So sollst du nun und nimmermehr,
Einen andern lieben also,
Der Teufel mag fahren ins Heu, u. s. w.

Und wer euch dies neue Liedlein pfiff, . . .

Der Gatte, ein gutmütiger Landmann, verzeiht seiner
Frau und lässt es bei ernster Vermahnung bewenden.

Nicht so harmlos ist der Ausgang in dem neugriechischen
Liede: Die treulose Frau (Fauriel, II, p. 70/71). Allerdings hat die Frau sich böser verleiten lassen als jene
ehrsame Bäuerin, und furchtbar rächt der ergrimmte Gatte
die Kränkung seiner Ehre an ihr. Merkwürdig nur an
ihr, nicht auch an ihrem Genossen. Doch man lese selber:

Dort drüben in der Nachbarschaft, dort oben in der Strasse,
Da ruhet eine schöne Frau in ihres Mannes Armen.
Der Schlummer aber naht ihr nicht, es fasst sie nicht der Schlummer.
Da sprach sie wohl zu ihrem Mann, sie spricht zu ihrem Manne:
,Du schläfst so fest, o Konstantin, du liegst in festem Schlafe,
Und unter Segel geht das Schiff mit deinen Kameraden.‘ —
„O lass mich, meine Schöne, noch ein kleines Weilchen schlafen!
Du drängst mich, meine Schöne, sehr, du drängst mich sehr, mein
                                                    Weibchen!
Du liebst wohl einen anderen Mann und willst den anderen
                                                    nehmen?“ —
,O, wenn ich einen anderen lieb‘ und will den andern nehmen,
Du trägst ein Schwert in deinem Gurt, schlag‘ mir damit den
                                                    Kopf ab,
Auf dass sich blutigrot mein Kleid, wie deine Klinge, färbe.‘ —
Da stieg zu Pferde Konstantin und ritt zwei Stunden Weges:
Sein Tintenfass vergass er dort, gleich kehrt er um nach Hause.
Er trifft verschlossen seine Thür, er trifft sie fest verriegelt.
Er trifft auch seine schöne Frau bei einem anderen liegend.
„Steh‘ auf, steh‘ auf, du schöne Frau: lass seh‘n, wer dir behage!
Wer schöner als der andere sei und wer ein werter Krieger!“ —
,In Schönheit und in Tapferkeit bist du des Preises würdig,
In der Umarmung und im Kuss ist der des Preises würdig.‘ —
Da zog er flugs sein Schwert heraus und und schlug das Weib
                                                    in Stücken:
„Sieh da, ein Leib den Engeln gleich, ein Weib doch ohne Treue!“

Die Schuld der Frau vergrössert noch die Raffiniertheit,
mit der sie ihren Gatten von sich drängt und über seinen
aufsteigenden Verdacht hinweg in Sicherheit zu lullen
sucht. Und scheint ihre List nicht bald geglückt und nur
durch das vergessene Tintefass vereitelt?

Unter dem Titel: Il Marito Giustiziere liefert Nigra
(No. 30) mehrere Lieder, welche ihrem Inhalt nach grosse
Ähnlichkeit mit dem vorher genannten: La bella Margherita

zeigen.*) Doch waren wir da im Ungewissen, ob der Gatte
durch fremden oder eigenen Antrieb die Gattin auf die
Probe stellt, so ist nach diesen nur das Letzte möglich.
Heisst es doch ausdrücklich:

Bel galant dis d'andè a la guere, a la guere, ma a va giûghè.
La nôit va tambüssè la porta: — O bela, venl-me a dürbl.

Und wie jener Mann den Liebhaber seiner Frau, den
Capitan dell'onde, kannte, so muss auch dieser den der
seinen gekannt haben; giebt er doch, auf ihre Frage nach
dem Klopfenden, sich für den „flül del re Inardì" aus,
womit er auch gute Aufnahme findet. Zur Strafe ertränkt
er die Treulose, indem er sie vom „punt di Peifa" ins
Wasser stürzt.

Nicht immer ist es das entgegenkommende Betragen
der Frau und ihre verfänglichen Reden dem Ankömmling
gegenüber, in dem sie ihren Buhlen vermutet, was dem
heimkehrenden Gatten ihre Untreue offenbart; er erkennt
sie oft, und nicht minder deutlich, aus blossen Spuren,
die jener zurückgelassen. So hat (vgl. die spanische
Romanze Blanca Niña, Prim. y Flor II, 52, unter dem
Titel: El adúltero castigado auch b. Duran I, 298, in Über-
tragung unter Eichendorff's Romanzen) bei des Gatten
Rückkehr der Liebhaber wohl sich selbst, nicht aber sein
Ross und seine Waffen schnell genug verbergen können,
und diese werden zum Verräter. Nun muss die Frau,
wohl oder übel, ihren Fehl gestehen und thut es schliesslich,
und tief bereuend. Ja, ihre Reue ist so gross, dass sie
auf seine Frage:

> ¿Cuya es aquella lanza
> Que desde aquí la veo yo?

in die Worte ausbricht:

> Tomadla, Conde, tomadla,
> Matadme con ella vos,
> Que aquesta muerte, buen Conde,
> Bien os la merezco yo.

---

*) Vgl. auch ibid. No. 31 die unter dem Titel: Lucrezia.

In diesem Zusammenhange begegnet uns auch das
schon in einigen der anfangs behandelten Lieder auftretende
Motiv von den zweierlei Kindern, doch nun in anderer
Verwendung. Sie sind nicht wie zuvor die Frucht einer
neuen Ehe, sondern dem heimkehrenden Gatten Beweis
für verbotenen Umgang, den seine Frau während seiner
Abwesenheit gepflogen hat. So hat sie Lessing benutzt
in dem schalkigen Gedichtchen Faustin (Gereimte Fabeln
und Erzählungen No. 8):

> Faustin, der ganze funfzehn Jahr
> Entfernt von Haus und Hof und Weib und Kindern war,
> Ward, von dem Wucher reich gemacht,
> Auf seinem Schiffe heimgebracht.
> „Gott!“ seufzt der redliche Faustin,
> Als ihm die Vaterstadt in dunkler Fern’ erschien,
> „Gott, strafe mich nicht meiner Sünden
> Und gieb mir nicht verdienten Lohn!
> Lass, weil du gnädig bist, mich Tochter, Weib und Sohn
> Gesund und fröhlich wiederfinden.“
> So seufzt Faustin, und Gott erhört den Sünder:
> Er kam und fand sein Haus in Überfluss und Ruh’.
> Er fand sein Weib und seine beiden Kinder
> Und — Segen Gottes! — zwei dazu.

Leider wird uns nicht gesagt, wie sich Faustin zu
dem Verhalten seiner Frau geäussert, ob er sich darüber
erzürnt oder vielleicht die Strafe für eigenen oft geübten
Trug darin gesehen und sich zufrieden gegeben habe.

Ausführlicher ist in diesem Punkt das Lied: La Moglie
Uccisa (Nigra, C. No. 29), aus dem wir erfahren, dass der
Gatte sein Weib tötet. Es singt das Lied wie folgt:

Drin Türin j’è dona Franséiza;
Fa nen altro che tan piurè, che ’l so marì l’à da rivè.
A l’è rivè al bot dle set ure:
— Dona Franséiza, vnì dürvì, dona Franséiza, al vost marì. —
Da na man a j’à duert la porta,
Da l’àutra man j’ambrassa ’l col; — Car marì, pardunè-me ’n po’.
— J’è pa d’ pardun, dona Franséiza.
Quand sun partì, j’avie n’anfan, adess ch’i turno n’ei dui për man. —
A l’à pià-la për sue man bianche,

A l'à menà-la ant ël giardin, a l'à tacà-la a l'arbolin,
A l'arbolin dle föje verde,
Föjo vërde e butun flurì: — Dona Franséiza, venta mürl. —
Cun la spà j'à cupà la testa,
A'l l'à bütà s'ün piat d'argent, a sua mama a i n'à fà ün prezent.

Weitere Beispiele giebt Nigra unter La Fidanzata
infedele (Canti, No. 34). Die Hauptpersonen scheinen Verlobte zu sein. Bemerkenswert ist die Benachrichtigung des
Jünglings von der Untreue seiner Braut durch den Gesang
einer Hirtin, die ihre Herde weidet: es weiss die ganze
Gegend, was der Dame des Prinzen begegnet ist, es pfeifen
es die Spatzen auf den Dächern. Neu ist weiter das
folgende Versteckspiel der Dame, die sich fürchtet, dem
Verlobten unter die Augen zu treten, und ihre Schwester
sendet, welche aber, trotz ihrer grossen Ähnlichkeit mit
jener, vom Prinzen nicht verkannt wird.

Was wird nun aus den fremden Kindern, die der
Mann in seinem Hause vorgefunden hat? Auf diese Frage
geben uns weder das Lessing'sche Gedicht noch auch die
piemontesischen Lieder klare Antwort. Auch ein deutsches
Lied: Des Bauernwirts Heimkehr (Kn. W. 427) lässt im
Zweifel. Der in der Kiste verborgene Knabe bittet zwar
den Bauernwirt:

> „Ei, Bauerwirtlein, lass mich lange leben,
> Ich will dir hundert Thaler geben,
> Dazu will ich's euch ja geben;

ob der aber, dem lockenden Angebot folgend, seinem
Wunsche willfahrt, ob nicht, ist leider wieder verschwiegen.
Man könnte meinen, wie der Gatte gegen die Frau verfährt, so werde er auch gegen die Bastarde handeln. So
würde Faustin die Kinder am Leben lassen, die anderen
würden sie umbringen. Für letzteren Ausgang könnte
man sich auf das Lied: Gli anelli (Nigra, No. 6) stützen,
wo ja auch der Mann die Mutter samt dem Kinde tötete.
Doch bleibt alles dies nur Vermutung.

Sichreres von des Kindes Schicksal erfahren wir aus
einer Novelle des Boccaccio (Dec. III, 8): Ferondo, mangiata

certa polvere, è sotterrato per morto e dall'abate, che la
moglie di lui si gode, tratto della sepoltura è messo in
prigione, e fattogli credere che egli è in purgatorio; e poi
risuscitato, per suo nutrica un figliuolo dello abbate, nella
moglie di lui generato. Der listige Abt, welcher dem ein-
fältigen Ferondo eingeredet hat, er befinde sich im Fege-
feuer, wo er sich von der Eifersucht auf seine treue Gattin
zu läutern habe, redet ihm ebenso leicht ein, dass er mit
Gottes Willen in die Welt zurückkehren und dort wunderbare Dinge erleben werde:

Ferondo, confortati, chè a Dio piace che tu torni al mondo: dove
tornato, tu avrai un figliuolo della tua donna, il quale farai che tu
nomini Benedetto, per ciò che per gli prieghi del tuo santo abate
e della tua donna, e per amor di san Benedetto ti fa questa grazia.

Und so ist denn nichts Anderes zu folgern, als dass
Ferondo das Kind in seine Familie aufnehmen und wie
sein eigenes halten wird.

Vollkommen klar und ausführlich handelt vom Verbleib
des Kindes die Erzählung vom Enfant de Neige (Le Roux
de Lincy, 19. Nouvelle). Ein Londoner Kaufmann, der
lange auf Reisen gewesen, findet bei der Rückkehr die
Zahl seiner Kinder um einen Knaben vermehrt. Ver-
wundert fragt er die Gattin nach dessen Herkunft. Sie
erzählt ihm: Kurz nach seinem Fortgange habe sie einmal ein mit Schnee bedecktes Sauerampferblättchen zu
essen geglaubt, habe aber eitel Schnee genossen. Kaum
sei dies geschehen, so habe sie dieselben Erscheinungen
an sich wahrgenommen wie bei der Geburt der übrigen
Kinder, und jener Knabe sei zur Welt gekommen. Der
Gatte giebt sich den Anschein, als glaube er ihren Worten,
und dankt Gott für die wunderbare Gabe. Einige Jahre
vergehen; da muss der Gatte eine Reise thun und nimmt
das Kind mit sich, damit es, inzwischen herangewachsen,
die Welt kennen lerne. Glücklich kommen beide nach
Alexandria, wo der Mann den fremden Knaben als Sklaven
verkauft. Bei seiner Heimkehr ist die Frau natürlich sehr

erstaunt, ihn ohne das Kind zu sehen. Auf ihrer Reise, berichtet er, seien sie in eine Gegend gelangt, wo sie gemeint hätten, vor Hitze umkommen zu müssen; und wie sie sich bemüht, Schutz zu suchen, sei auf einmal der Knabe, welcher, wie sie ja wisse, ein Schneekind gewesen, vor ihren sichtlichen Augen zu Wasser zerschmolzen; so plötzlich, wie er zur Welt gekommen, so plötzlich habe er sie wieder verlassen. Die Frau, ob sie Anderes denke, ob nicht, schweigt.

Diese Darstellung, abweichend von den früheren, betrachtet das Schicksal des Kindes nicht nebensächlich, sondern widmet ihm ihre vornehmste Sorge und giebt die beste Auskunft darüber von allen, die mir begegnet sind.

Und damit wollen wir dies Kapitel verlassen und uns einer vierten Hauptbehandlung unseres Themas zuwenden.

IV.

Konnte bisher der heimkehrende Gatte seinem Weibe, gleichgültig in welchen Umständen, doch immer begegnen, so stossen wir nun auf Fälle, in denen ihm dies versagt ist. Den Grund dafür wird eine kurze Angabe des Vorgangs offenbaren.

Wie gewöhnlich wird der Mann, der nicht lange zuvor sich verheiratet hat, aufgefordert, in den Krieg zu ziehen; die junge Gattin vertraut er seiner Mutter an. Als er nach sieben Jahren wiederkehrt, sucht er sie vergeblich und erfährt, sie sei von Sarazenen geraubt worden. Er macht sich auf nach dem Maurenland. Drei Wäscherinnen fragt er nach der Herrin des Reiches; sie nennen den Namen seiner Frau: wenn er sie sprechen wolle, müsse er sich als Pilger verkleiden. Er kommt zur Burg, seine Frau öffnet, giebt ihm zu trinken und erkennt ihn. Beide fliehen dann aus dem Sarazenenlande.

So giebt den Vorgang ein französisches Lied. Es trägt als Titel den Namen der geraubten Frau: Florence (Romania VII, 64).

Petit Jean se marie, se marie à Paris.
A pris femme si jeune, qui se sait pas vêtir.
Il reçoit une lettre qu'en guerre il faut partir.
„Hélas! de ma Florence, que va-t-elle devenir?
— Donnez-la à votre mère: elle vous la gardera.
— Ma mère est si cruelle, me la maultraitera.
— Mère, voilà ma Florence, ne la maultraitez pas:
„Ne lui faites rien faire, que boire et que manger,
„Filer sa coulognette, quand elle voudra filer,
„Et aller à la messe, quand elle voudra y aller."
Eu allant z-à la messe, les Sarrasins l'ont pris.

Au bout de sept années, petit Jean nen revint.
Trois coups frappe à la porte, sa mère lui vient ouvrir.
„Où donc est ma Florence qu'elle vienne pas m'ouvrir?
— Hélas! de ta Florence n'en reste plus ici:
„En allant z-à la messe, les Sarrasins l'ont pris'!
— Il faut que je la trouve quand saurais de mourir."
Nen fit faire une barque, tout d'or ou d'argent fin.
La mit sur la rivière, rivière de Paris.
Nen fit trois cinq cents lieues sans personne trouver.
Trouva trois lavandières qui lavaient des draps fins.
„Oh! dites, lavandières, à qui sont ces draps fins?
— Sont du château des Maures, des Maures Sarrasins.
— La maître qui gouverne, comment l'appellent-ils?
— L'appellent la Florence, la fleur de son pays.
— Comment pourrai-je faire pour lui pouvoir parler?
— Faut s'habiller en pauvre, en pauvre pèlerin,
„Et demander l'aumône au nom de Jésus-Christ."
Florence la lui donne, sans connaître son mari.
„Dame, donnez-moi z-à boire, dame de mon pays!
— Mais il n'est pas possible que soyez de mon pays;
„Mais les oiseaux qui volent n'en peuvent pas venir:
„N'y a que les hirondelles qui vont par tout pays."
Elle lui apporte à boire en tasse d'argent fin.
A connu à son boire qu'il était son mari.
„Oh! dis-moi donc, Florence, veux-tu pas t'en aller?
— Zo voudrio pas ouï dire, voudrio être en tsami."
L'a pris' par sa main blanche, à cheval l'a monté'.
Le Maure qui est en fenêtre, regardant tout ceci:
„Tu emmènes ta Florence; sept ans l'avons nourri',
„Sept ans l'avons habillée, en taffetas très-fin,
„Sept ans l'avons chaussée en souliers maroquins!"

Wie der Inhalt deutlich zeigt, stammt der Stoff aus
einem der Mittelmeerländer aus einer Zeit, wo noch die
Sarazenen Seeraub trieben. Und so findet er sich auch
im Provenzalischen, in Spanien und Italien. Nigra, in
seiner langen Abhandlung über dieses Lied, nimmt das
südliche Frankreich, im besonderen Languedoc als seine
Heimat an: Si è potuto presumere con qualche fondamento
che la patria originaria di essa è la Francia meridionale
e più specialmente la Linguadoca, donde s'irradiò in tre
direzioni, nella Francia settentrionale, nella Catalogna e

nell' Italia superiore (Canti, p. 255). Ob ein bestimmter historischer Vorgang den Anlass gegeben, oder ob nicht-einheimische Quellen als Vorbild gedient haben, vermag ich nicht zu sagen. Auch Nigra weiss nichts darüber. Das Motiv, dass einem Mann in seiner Abwesenheit die Frau geraubt wird, ist sehr alt; man denke nur an den Raub der Helena. Auch das Gudrunlied könnte angeregt und die Hauptmomente geliefert haben.

Das provenzalische Lied: Fluranço (Damase-Arbaud II, 73*), welches im allgemeinen grosse Ähnlichkeit mit jenem französischen zeigt, führt einige Momente genauer aus. Während wir dort nur vermuten konnten, dass der Gatte nicht lange Zeit nach der Hochzeit fortgezogen sei, bezeichnet dieses die Termine ganz bestimmt:

> Lou diluns l'a spousado,
> Lo dimars es partit.

Ferner belehrt es uns, weshalb der Maure die Frau geraubt habe:

> Sept ans te l'ai couchado
> Dedins do beous draps fins;
> So sept ans l'ai gardado
> Liroun, lan fa do la lira,
> Es per un de mes fils,
> Lariri,
> Es per un de mes fils.

So erklärt sich auch die gute Behandlung, welche sie erfahren hat.

Was dieses Lied in der Form unterscheidet, ist der Refrain, welcher sich weder in jenem, noch auch in den übrigen hier zu nennenden findet.

Unerhebliche Differenzen zeigt auch das catalanische Lied: L'Escrivana (Candi Candi III, 65 ff.). So bestimmt es die Frau genauer als „la filla del malorquí", unterdrückt jedoch die Begegnung des Mannes mit den Wäsche-

---

*) Vgl. auch das prov. Lied Escrivoto (Rev. d. lang. rom. VI, 254 ff.).

rinnen und lässt ihn ohne weitere Zurechtweisung die Gattin finden.*) Unter den Behandlungen des Stoffes, welche zwar zahlreich, doch bei weitem nicht so wechselreich sind, wie die des im vorigen Kapitel besprochenen, sei noch die sehr ausführliche Darstellung bei Duran I, No. 7 betrachtet. Moriana spielt mit dem Mohren Galvane auf seinem Schlosse „á las tablas". Verliert er, bekommt sie eine Stadt, verliert sie, darf er ihr die Hand küssen. Sie ist die Tochter des Königs Moriane und von den Mauren geraubt worden, als sie in ihres Vaters Gärten Rosen pflückte. Da zeigt sich auf einem der umliegenden Berge ein Ritter. Moriana erkennt ihn, Thränen entstürzen ihren Augen. Sogleich fragt der Maure, wer schuld sei an ihrer Betrübnis; er werde sie rächen an seinen Mohren, den Hoffräulein oder an den Christen. Sie gesteht ihm die Wahrheit:

— Non me enojaron los moros,	Pero d'este sentimiento
Ni los mandedes matare,	Quiero vos decir verdado:
Ni ménos las mis doncellas	Que por los montes aquellos
Por mí reciban pesare;	Caballero vi asomare,
Ni tampoco a los cristianos	El cual pienso qu'es mi esposo,
Vos cumple de conquistare;	Mi querido, mi amor grande.

Über diese Rede erbittert, giebt ihr der Maure für's erste eine Ohrfeige:

Alzó la su mano el moro,
Un bofeton la fué á dare:

dann lässt er sie hinrichten:

Y mandó que sus porteros
La lleven á degollare.

In dieser Fassung ist von dem Mann äusserst wenig die Rede; die Hauptrolle fällt der Frau zu, wohingegen

---

*) Ein ital. Lied gleichen Inhalts hat F. Pelay Briz dem catalan. folgen lassen. Eine zweite catal. Fassung, welche mit der ersten grosse Ähnlichkeit zeigt, giebt Milá y Fontanals' Romanc. catalan, p. 158 unter dem Titel: La esposa rescatada.

es in den früheren Darstellungen eher umgekehrt war. Nichts erfahren wir von dem, was der Gatte vor seinem Auftreten gethan, ob auch er vielleicht, aus der Ferne kommend, den Raub seiner Frau erfahren und sich aufgemacht habe, sie zu suchen, oder ob er zufällig in jene Gegend gelangt sei; letztere Annahme ist weniger wahrscheinlich als die erste, doch immerhin nicht ausgeschlossen. Günstigerweise wird diese Romanze durch die anderen, welche dasselbe Thema behandeln, vervollständigt. So erfahren wir gleich in der nächsten, dass der Mann bereits sieben Jahre unterwegs ist:

> Ya haco hoy los siete años
> Que andó por aqueste valle.

Die letzte Zeile belehrt zugleich, dass eine zufällige Ankunft im Thale auszuschliessen sei; der Gatte hat absichtlich sich dorthin auf den Weg gemacht.

Die Romanze No. 9 erzählt von den Begebenheiten, nachdem der Maure die Frau hat zur Hinrichtung führen lassen. Der Henker, von ihrer Schönheit entzückt, zögert, den Befehl seines Herrn zu vollziehen, und denkt nur, wie er sie retten könne. Da erscheint der Gatte, vertreibt die Mauren und führt die Befreite auf seine Burg Breña.

Eine weitere Ausführung lässt noch den Mauren vor jener Burg seinen Verlust beklagen; er erinnert Moriana an die erwiesenen Wohlthaten und bittet sie, zu ihm zurückzukehren. Der Gatte tötet ihn darauf.

Auch die Lieder, welche Nigra unter Fiorensa (C. No. 40) giebt, sind zu berücksichtigen. Die Fassung A stimmt sehr mit der französischen (Rom. VII, 64/65) überein, nur wird der Mann nicht an seinem Trinken erkannt, sondern an einem Ringe, welchen er am Finger trägt.

Nach E scheint die Frau wieder einmal untreu geworden zu sein. Es heisst da im Anfang:

> Bel galant ch'a si marida, ch'a la guerra l'à d'andè.
> L'à spuzà-ra a la dominica, al lünesdì la lassa ll.
> E la bolla Fiorensa s'è sercà-sse 'n àut marì.

Es fehlt auch die Charakteristik der Frau:

> na fla giuvo ch'a savia pa 'ncur vestl (C.),

oder

> Tanto giuvo cum' a l'ora si savia pa gniane vestl, (A).

Sie ist selbständiger, wie auch ihr übriges Verhalten zeigt. Wie sie aber zu dem Moro Sarazin gekommen ist, ob sie ihn gesucht, oder er sie geraubt, darüber sagt das Lied nichts. Auch der zurückgebliebenen Mutter des Mannes, welcher Fiorensa anvertraut war, muss ihr weiteres Schicksal unbekannt sein. Sonst konnte sie auf des Heimkehrenden Frage nach ihrem Verbleib ausführlich antworten:

> Fiorensa l'è stà rubeja dal grau Moro Sarazì;

hier weiss sie nur zu sagen:

> Fiorensa a j'è pa pi.
> Fiorensa, j'è già set ani ch's'è sorcà-sse 'n àut marì!

Und so wandert, ohne ein bestimmtes Ziel vor Augen, der Mann auf gut Glück in die Ferne.

Nebenbei sei erwähnt, dass Fassung G die schon erwähnte Bemerkung über die Ungeschicklichkeit der jungen Frau mit der Angabe vervollständigt, worin diese Ungeschicklichkeit bestanden habe.

> J'àn maridà Fiorensa, Fiorensinha la gentì.
> I l'àn maridà tan giuvo, ch'a savia 'ncur nen vestl.
> A s'è vestl na mánia, o pöi s'è bütà 'l faudl.

Wichtiger als dies ist das Verhalten der Mutter in dem Liede. Wie sonst empfiehlt bei seinem Fortgang ihr der Sohn, aufs sorgsamste über sein Weib zu wachen.

> — V'racomando, mia mama, v'racomando mia mojè:
> Che 'n la lassi pa 'ndè pr'eva, nè pör eva nè a lavè.

Was thut dagegen die Mutter?

> Sua mama la manda pr'eva, a la bialera del mürin.

und trägt so gewissermassen die Schuld an dem Ungemach der Frau und auch des Mannes.

Hierher gehört ferner die Sage vom Raub der Gattin des Don Gayferos. Nigra führt sie an in seiner Abhandlung zu Il Moro Saracino (C. p. 242), ausserdem findet sie sich in der portugiesischen Romanze Dom Gayferos (Bellermann, No. 7), in spanischen Fassungen bei Duran, I, 246 ff., bei Wolf und Hofmann, Prim. y Flor II, 222 ff. Die Darstellung weicht insofern von den früheren ab, als der Gatte, während der Raub vollführt wird, nicht im Kriege weilt, sondern sich bei Verwandten aufhält, wie Don Gayferos bei Karl dem Grossen, seinem Schwiegervater. So kann es nicht Wunder nehmen, dass er, noch fern von Hause, bereits von dem Vorfall in Kenntnis gesetzt wird und ihn nicht, wie sonst, erst bei der Heimkehr erfährt.

In der Romanze bei Duran I, No. 377 ist die Erzählung weiter ausgeführt als an anderen Orten, und an Nigra's Stelle hätte ich den Inhalt nach dieser Lesart gegeben. Gewöhnlich wird Folgendes berichtet. Karl der Grosse tadelt den Würfel spielenden Gayferos, dass er sich vergnügen könne, wo seine Gattin in maurischer Sklaverei schmachte. Wie kommt der Kaiser zu diesem Vorwurf? Gayferos scheint doch von dem Raube nichts zu wissen und erst durch jene Rede davon zu erfahren. Dem ist nicht so, wie die obengenannte Romanze lehrt. Bekanntlich wendet sich Gayferos an seinen Onkel Roland und bittet ihn um seine Waffen und sein Pferd:

Por Dios os ruego, mi tio,
Por Dios os quiero rogare,
Vuestras armas y caballo
Vos me lo querais prestare;

Que mi tio, el Emperante,
Tan mal me quiso tratare,
Diciendo que soy para juego
Y no para armas tomare.

dann fährt er fort:

Bien sabeis vos, mi tio,
Bien sabeis vos la verdade,
Que pues busqué á mi esposa.
Culpa no me deben dare.

Tres años anduve triste
Por los montes y los valles
Comiendo la carne cruda,
Bebiendo la roja sangre,

Trayendo los pies descalzos,
Las uñas corriendo sangre.
Nunca yo hallarla pude
En cuanto pude buscare:

Ahora sé que está en Sansueña,
En Sansueña, esa ciudade.
Sabeis que estoy sin caballo ...

Aus diesen Worten ergiebt sich deutlich, dass Gayferos schon vor des Kaisers Hinweis Kenntnis von dem Raube der Gattin besessen hat.*) Wie er sie erhalten, wird nicht mitgeteilt. Er hat dann, ohne genau zu wissen, wo sie sich aufhalte, die Frau gesucht und dabei weniger Glück gehabt als, unter gleichen Verhältnissen, der Gatte der anderen Lieder; denn er hat sie nicht gefunden. In der Meinung, seine Schuldigkeit gethan zu haben, hat er sich den Zerstreuungen des Hoflebens wieder zugewandt.

Wenn man diese Sachlage ins Auge fasst, so erhält der Vorwurf des Kaisers eine bessere Motivierung. Da Gayferos doch weiss, dass seine Gattin in der Mauren Gefangenschaft ist, so kann es Karl mit Recht unbegreiflich finden, dass er sich noch vergnügen könne. Nach seiner Ansicht sollte ihre Auffindung und Befreiung ihm allein am Herzen liegen.

Weniger bekannt als die Romanze von Don Gayferos dürfte das serbische Heldenlied, Der grossmütige Gatte (Gerhard, I, 158 ff.), sein, welches den gleichen Stoff behandelt und auch in ein paar Einzelheiten mit jener übereinstimmt. Sein Inhalt ist folgender.

Banowitsch Strajnja, der Herr vom Dorfe Banjska in der Nähe des Amselfeldes, besteigt eines Morgens den kampfgeübten Schimmel, und, in Begleitung seines treuen Windhundes Karaman, reitet er aus, seinen Schwiegervater Jug Bogdan und seine Schwäher, die neun Jugowitschen, zu besuchen. Freudig wird er aufgenommen. Geraume

---

*) Das hat auch Puymaigre (Les vieux aut. castill. p. 307) herausgelesen, der darüber sagt: Gaiferos était à jouer aux tables; .... il jouait sans paraître penser que sa femme, la fille de Charlemagne, la belle Melisenda, était captive chez les Mores. L'empereur reprocha durement cet oubli à son gendre, et Gaiferos monte à cheval et ...

Zeit schon weilt er bei ihnen und lässt es sich wohl sein
in ihrer Gesellschaft; da meldet ihm ein Brief seiner
Mutter, dass die Türken sein Land verheeren. Der Sultan
lagere mit gewaltiger Streitmacht im Amselfelde, und der
wilde Wlach-Alia, der sich um Sultan nicht noch um Wesire
kümmere, habe sein Schloss in Bajnska verbrannt, sie, die
Mutter, misshandelt, seine Gattin geraubt. Jetzt küsse er
sie vielleicht in seinem Zelte; und er, Strajna, zeche sorglos
in Kruschewaz, der Veste.

„Möge dir der Trank zum Grabwein werden!"

schliesst der Brief. —

Diesem Vorwurf der Mutter vergleicht sich im Liede
von Don Gayferos der Vorwurf Karls des Grossen:

— Si asf fuésedes, Gayferos,	Vuestra esposa tienen moros,
Para las armas tomare,	Irladesla á buscare . . . .
Como sois para los dados	Si con otro fuera casada
Y para tablas jugare,	No estuviera en catividade. —

Sogleich beschliesst der Ban aufzubrechen und bittet
seinen Schwiegervater, ihm die neun Söhne als Begleitung
und Schutz mitzugeben. Der aber will die Kinder nicht
dem sicheren Tode preisgeben. Er, im Fühlen und Denken
ein anderer Vater als Karl der Grosse, rät ihm sogar,
die Gattin ganz fahren zu lassen:

„Möcht' ich nie die Tochter wieder sehen.
War sie eine Nacht bei ihm im Zelte,
Lag nur eine Nacht in seinen Armen,
Kann die Gattin dir nicht länger lieb sein:
Gott erschlage sie, da sie verdammt ist!"

Da auch freiwillig keiner der Schwäher mit ihm geht, so
reitet Strajnja allein ins Amselfeld, nur von seinem Hund
begleitet. In Türkentracht durchstreift er unangefochten
das Lager. Bei einem Derwisch, der einst sein Gefangener
gewesen und von ihm freigelassen worden, erfragt er den
Aufenthalt Wlach-Alias, bei dem seine Gattin weile, ähnlich
wie Don Gayferos einen Christensklaven über Melisenda
befragt. Nachdem er ihn gefunden, fordert er ihn zum
Zweikampf heraus. Ihre Waffen zersplittern, es kommt

zum Ringen; Strajnja unterliegt. Er ruft die Gattin zu
Hülfe; auch der Türke ruft sie gegen ihren Gatten. Sie
folgt dem Wlach-Alia und verwundet jenen am Kopfe.
Um sich ihrer zu erwehren, hetzt er den Hund auf sie,
der sie auch verjagt; dann tötet er den Türken mit letzter
Anstrengung. Als er, zurückgekehrt zu den Verwandten,
erzählt, wie die Gattin an ihm gehandelt habe, wollen
jene sie töten. Er aber hält sie zurück:

> „Seid ihr wirklich, Brüder, solche Helden?
> Wo doch hattet Messer ihr und Säbel?
> Warum wart ihr nicht im Amselfelde,
> Gegen Türken euren Mut zu zeigen,
> Und im Notfall hülfreich mir zu werden?
>
> — — — — — — — — — — — — — —
>
> Meiner Gattin hab' ich schon verziehen." —

So schliesst der Vorgang ohne Katastrophe, die man
wohl hätte erwarten können, und rühmend endet das Lied:

> Selten giebt es heut' zu Tage Helden,
> Wie der wackere Banowitschu Strajnja!

Bisher ward dem Gatten die Gattin geraubt. Wie
man dem Jüngling das Mädchen entführt, singt Ossian im
Lied Oithona.*) Gaul, Mornis Sohn, und Oithona, Nuäth's
Tochter, lieben einander. Gaul zieht in den Krieg, und
Oithona verspricht, seiner Heimkehr zu warten. Dunrommath,
„der Fürst von Kuthal mit den roten Haaren", entführt
sie nach der wüsten Insel Tromathon. Gaul kehrt zurück
und findet die Geliebte nicht. Im Traum erfährt er ihren
Aufenthalt und segelt nach Tromathon. Oithona klagt
ihm ihren Raub und ihrer Ehre Verlust, den sie nicht
überleben will. Dunrommath erscheint mit seinem Gefolge,
wird von Gaul getötet und sein Heer verfolgt. Bei der
Rückkehr findet er einen jungen Krieger, welcher, von
einem Pfeil in die Seite getroffen, müd' an einem Felsen
lehnt. Es ist Oithona, die sich heimlich unter die Feinde
gemischt und den gesuchten Tod gefunden hat.

---

*) Dasselbe Motiv hat auch A. Manzoni in seinen Promessi
sposi benutzt.

V.

Bei Besprechung der Fassung G des piemontesischen
Liedes von Il Moro Saracino war bereits darauf hin-
gewiesen worden, wie die Mutter des abwesenden Mannes
für die zurückgebliebene Gattin nicht gehörig Sorge ge-
tragen und so deren Ungemach zum Teil herbeigeführt
habe. War dort die Mutter nur die mittelbare Ursache
des der Schwiegertochter zugefügten Leides, so wurde sie
nun zum unmittelbaren Ausgangspunkte desselben gemacht
und der Vorgang folgendermassen gestaltet.
Wiederum muss der Mann in den Krieg ziehen. Bevor
er geht, empfiehlt er aufs eindringlichste seiner Mutter
das Wohl und Wehe der jungen Gattin. Kaum aber ist
er fort, so heisst sie die böse Schwiegermutter auf die
Weide gehen und die Schweine hüten. Geduldig fügt sie
sich und verbringt in solcher Niedrigkeit sieben lange
Jahre. Da singt sie einmal, — die ganze Zeit über hat
sie weder gelacht noch gesungen; — und ihr Gatte, welcher
in der Nähe ist, kommt herbei. Er erkennt sie in ihrem
Elend, führt sie in sein Haus zurück und straft die Mutter
für ihre Lieblosigkeit.
Man vergleiche zu diesem Überblick u. a. die Lieder
bei Nigra (C. No. 55) unter dem Titel: La sposa porcaia.
Eins derselben lasse ich hier folgen.

Bel galant a si marida, a la guera a l'à da andè.
— O mia mare, cara mare, v'arcomando mia mojè.
Nè al furn, nè al fè lessia vöi nen che la fassi andè:
Ma lassè-la ant üna stansa ch'ampara a cüzl e brodè —
Quand galan a l'è stàit via, l'à mandà-la a larghè i pors,
A filè dui tre füzëte e fè na fassinha d' bosc. '

La bela l'è stà set ani sensa mai rie o cantè.
El prim giurn ch' la bela a canta, so marì s'a l'è arrivè.
— O bundì, bela bargera; di chi sunh-ne custi pors?
— A na sun dla mia madona, che Dio a i mandéis la mort!
— Anduma, bela bargera, 'nduma a cà fè colassiun.
— J'ö pa fàit le tre füzëte, ne manc la fassinha d' bosc.
Se mi vad sensa fassinha, mia madona a m' fa turnè. —
L'à dàit man a sua spadinha, la fassinha a j'à ben fè.
— O bundì, madona l'osta, lo bon giurn vi sia dunè.
Ansem a vostra norëta mi vuria ben diznè.
— Mia norëta a l'è an pastüra, an pastüra pëi valun;
Ma mi j'ö d'üna fleta, ch'a v' darà sodisfassiun.
— O mia mare, cara mare, j'è-ve fà-me d'ün gran tort,
A mandè la mia spuzëta set ani a pastürè i pors.
O mia mare, cara mare, d'lo ch' j'éi fàit vi pentirei:
Chila sarà la padruna, e vui i la servirei. —

Ausführlicher behandelt den gleichen Gegenstand ein französisches Lied (Romania X, 369, No. VII). Dort wird sogar der Name des Mannes angegeben:

Ah! c'est le beau Carême qui va se marier,

und später auch sein Stand bezeichnet:

Le prince par la fenêtro, il l'entendit corner.
Il a dit à son page: „Entends-tu bien corner?
„Ce sont hélas! je crois, les cornes de ma femme."

Der Anlass seines Fortganges ist derselbe wie im vorhergehenden Falle, nur wird die Zeit näher bestimmt:

Le lendemain de ses noces le roi l'a-t-appelé.

Ferner wendet er sich diesmal nicht direkt an seine Mutter mit der Bitte, für die Gattin Sorge zu tragen, sondern fragt ganz allgemein:

„A qui lairai-je ma femme, ma pauvre femme à garder?"

Worauf die Mutter freiwillig sich erbietet und unaufgefordert für die Frau aufs beste zu sorgen verspricht.

„Laisse-moi-la, Carême, jo te la garderai.
„Tous les jours à la messo je la ferai aller.
„Quand elle sera revenue, je la ferai déjeuner;
„Tous les jours de robe je la ferai changer;
„Tous les jours dans les champs je la ferai promener.

Das Folgende ist wie bei Nigra, nur dass die Hirtin schliesslich nicht singt, sondern, wie die oben citierten Verse zeigen, auf einem Horne bläst, das sie von der Schwiegermutter sich hat geben lassen. Weitschweifiger ist das Gespräch zwischen ihr und dem herbeikommenden Gatten, der wohl sie erkennt, doch nicht von ihr erkannt wird, ausführlicher weiter das Gespräch zwischen ihm und seiner Mutter, welche, ahnungslos, mit wem sie spricht, Ein wendungen dagegen macht, dass er sich mit der petite por- chère näher einlassen wolle, die sieben Jahre lang an keinem Tisch gegessen und auf keinem weissen Laken geschlafen habe. Auch die folgende Erkennungsscene, im piemon- tesischen Lied nicht einmal angedeutet, wird hier breit ausgeführt. Als Zeichen dient, wie oft, ein Ring. Nachdem der Mann alle Bedenken der Wirtin abgewiesen, setzt er sich mit der Hirtin zu Tisch.

> Tout pendant le souper
> La petite porchère ne faisait que pleurer.
> „Ah! qu'avez-vous, porchère, qu'avez-vous à pleurer? —
> „C'est mon ami Carême qui est parti à la guerre;
> „Tous les autres en reviennent, Carême ne revient pas. —
> „Que vous a-t-il laissé, Carême en s'en allant? —
> „Il m'a laissé un anneau dont le voilà-t-encore.
> „Mettez-le sur la table, mariage sera d'accord. —
> Elle le mit sur la table, le mariage fut d'accord.

Originell ist auch der Schluss.

> Le lendemain matin
> La mère à la porchère est venue l'appeler.
> „Ah! lève-toi, porchère, il est huit heures sonnées:
> „Voilà tes camarades qui viennent t'appeler. —

Und es nicht, wie vorher, der Mann, welcher der Mutter mit Züchtigung droht, sondern die misshandelte Gattin, welche nun im Gefühle voller Sicherheit jener zuruft:

> „Si vous n'étiez pas la mère de mon loyal mari.
> „Je vous ferais manger par mes chiens et mes lions*).
> „Je vous ferais jeter à l'eau par sous les ponts. —

---

*) Mit Bezug auf die lions hat man daran zu denken, dass Carême und seine Gattin, ihrem Stande gemäss, in einem Schlosse wohnen:

Bemerkenswert sind in einem anderen französischen
Liede: La porcheronne (Mélusine, Mai-Juin 1896) die
Umstände, welche den Mann bestimmen, zu sagen, wer er
sei. Als er mit der Hirtin in der Kammer ist, eilt diese
mit dem Ruf: „Viens, Guillaume, ou l'on va me faire
déshonorer!" ans Fenster und will sich hinausstürzen. Nur
die Aufklärung des Mannes über seine Person hält sie
von diesem Schritt zurück und verwandelt ihr Leid in
Freude.*)

Abweichungen von der gewöhnlichen Ausführung bietet
auch das bretonische Lied L'épouse du croisé (Villemarqué,
a. a. O. I, No. X). So wird die Gattin nicht der Schwiegermutter, sondern ihrem eigenen Bruder anvertraut, ohne
dass ihre Behandlung dadurch eine bessere würde. Sie
erhebt zwar Einspruch gegen die ihr zugemutete Erniedrigung, in Villemarqué's Übersetzung des bretonischen
Textes:

— Excusez-moi, mon frère; qu'ai-je donc fait? Je n'ai gardé
les moutons de ma vie! —

doch es hilft ihr zu nichts; denn roh entgegnet der Bruder:

— Si vous n'avez gardé les moutons de votre vie, voici ma
longue lance qui vous apprendra à les garder. —

Von anderen Beispielen sei noch eine zweite Lesart
des schon einmal besprochenen Liedes Germine erwähnt
(Champfleury, p. 195; Puymaigre, Vieux aut. castill. II.
393/94). Zwar steht der Frau nicht solche Erniedrigung,

„Au château de Carême n'y a de belles chambres,
„De beaux lits préparés pour vous, messieurs, coucher,
„Et de belles écuries pour vos chevaux loger, —

antwortet die Hirtin dem Ritter auf seine Frage nach einer Herberge. Dass auf den Burgen der Vornehmen wilde Tiere zum
Zeitvertreib gehalten wurden, darunter Löwen in erster Reihe,
wissen wir aus Sagen, wie die vom König Ruother, ferner aus
historischen Beispielen, worüber Alwin Schultz, Höf. Leben I, 349
zu vergleichen is. Vgl. auch Schiller's Gedicht: Der Handschuh.
*) Vgl. weiter das catalanische Lied: La noble porquera (Milà
y Fontanals, No. 234).

6*

wie wir sie sonst gesehen, bevor, doch hat ihr die arge
Schwiegermutter, welche sie gar zu gern an die trois beaux
messieurs verkuppeln möchte, ein nicht minder schmähliches
Los zugedacht, und nur durch Germine's Energie wird
ihre Absicht vereitelt. Doch lassen wir das Lied selber
reden.

1. — Ah! bonjour donc, fillette, fillette à marier.
— Je ne suis point fillette, fillette à marier.
Mon père m'a mariée à quinze ans et demi:
V'la aujourd'hui sept ans que je n'ai vu mon mari.

2. — Ah! bonjour donc, madam', pouvez-vous nous loger?
— Non, non, mes beaux messieurs, je ne puis vous loger:
Allez à c' beau château que vous voyez d'ici.
Là vous trouverez un log'ment pour la nuit:
Car c'est là qu'reste la mèr' de mon mari.

3. - Ah! bonjour donc, madam', pouvez-vous nous loger?
Oui, oui, mes beaux messieurs, je puis bien vous loger.
Ainsi que pour y boir', pour y boire et manger.
— Nous ne voulons ni boir', ni boire et ni manger,
Sans que Germin', vot' fill', vienne nous accompagner.

4. — Ah! bonjour donc, Germin'; il y a trois beaux messieurs
Qui ne veulent ni boir', ni boire ni manger,
Sans que tu sois, Germine, à les accompagner.
— Si n'étiez pas la mèr', la mèr', de mon mari,
Je vous ferais passer à Lyon sur le pont
Pour vous faire manger par les petits poissons.

5. La bell'-mèr' s'en retourn', s'en retourne en pleurant:
— Mangez, mes beaux messieurs, Germin' n' veut pas venir:
C'est la plus méchant' femme qu'il y ait dans le pays.
— Si vous n' tiez pas la mèr', la mèr' qui m'a nourri,
Je vous ferais passer au fil de mon épée,
D'avoir voulu séduir' Germin', ma bien-aimée!

VI.

Wenn bereits im bretonischen Lied die üble Rolle der
Schwieger auf einen näheren Verwandten, den Bruder der
Frau, übertragen wurde, so treten nun an ihre Stelle des
Mädchens eigene Eltern.*) Es handelt sich, nebenbei erwähnt, in diesem Fall zumeist um Verlobte. Und wie
verfahren die Eltern mit ihrer Tochter? Nicht liebevoller
denn jene; und liess sich dort, schwer gewiss, doch vielleicht eine Entschuldigung finden, hier zagt nicht nur die
Empfindung, nein auch ihr Bruder, der keckere Verstand,
bleibt wenige Schritte weiter ratlos stehen. Um ihm die
Liebesgedanken auszutreiben, wird — und glimpflich ist
die Strafe — das Mädchen in ein Kloster gesperrt. So
klagt es in einem ligurischen Liede (P. Heyse, It. L., p. 109):

> „Ach, mein Papa, was sperrtet ihr mich ein?
> Ihr habt mich in ein Kloster eingeschlossen;
> Nahmt ihr denn keine Frau? Auch ich will frei'n.“

Zum Glück erfährt sein Liebster den Vorfall, und listig
entführt er das Mädchen aus den dumpfen Klostermauern.
Vgl. dazu die ausführliche Darstellung in dem Liede: La
Monaca Sposa (Nigra, C., No. 80).

An custa vila j'è na fleta, j'è na fleta, innamurà.
A völo dè-je dle batitüre fin che l'amur a i sia passà,

---

*) Bei Boccaccio, Dec. IV,8, sind es die Eltern des Jünglings,
welche, seine Geliebte, figliuola d'un sarto, gering achtend, Unheil
anrichten: Girolamo ama la Salvestra: va, costretto da prieghi della
madre a Parigi: torna e truovala maritata: entrale di nascoso in
casa, e muorle allato; e portato in una chiesa, muore la Salvestra
allato a lui.

A i dis so pare a la sua mare: — Che batitüre j'um-je da dè?
La vestiruma di téila griza, la büteruma 'nt ël munastè. —
S'a l'è la bela ant sua stansiëta a n'a staziva a riscutè.
Ahi dè de mi! povra fleta, che munigheta mi völo fè! —
An bel piurand a l'à scrit na letra, l'à scrit na letra ben sigilà;
E pö a l'à dà-i-la a so serviture, ch'a'l portéissa a so innamurà.
Gentil galand a l'à let la letra, s'è bütà a piánzer e sospirè.
— J'avia sul che n'amuruzeta, e munigheta la völo fè! —
Gentil galand va a la scüdaria, la scüdaria dëi so cavai,
Rimira j'ün e rimira j'áutri, büta la sela s'ël so pi car.
— O lev-te sü ti, caval moreto, t'sei ël piü bello e'l piü gajard,
Ti t'as da cure n'ura, n'urëta, cuma la rundna giü për ël mar. —
Gentil galant a munta a cavalo, se büta a 'cure e sperunè.
A l'è rivà giüst a cul' ura, ch' la bela a intrava 'nt ël munastè.
— Ch' à scuta si, madre badessa, na parolinha ch'i j'ái da dir. —
An bel dizend-je la parolinha, s'a j'à bütà-je l'anel al dì.
— An custa vila j'è-lo gniün préive j'è lo gniün préive, j'è-lo gniün frà,
Ch'a podéisso spuzè na fla, sensa ch'a sia stáita dnunsià?
— Bundì vui, pare, bundì vui, mare, bundì, vui tüti ì me parent.
S'a si chërdio di far-mi múnia, sun fa-me spuza giojuzament. —

Der Liebste kommt also in dem Augenblick, wo das
Mädchen ins Kloster treten soll, und diesen Schritt zu
vereiteln, gelingt ihm bald. Nicht so leicht hat es der
Jüngling im französischen Lied: Le Soldat au couvent
(Romania VII. p. 73, No. XXI), welcher das Mädchen
bereits im Kloster findet, wohin es übrigens nicht aus
Zwang, sondern freiwillig gegangen ist in Verzweiflung
über sein langes Fernbleiben:*)

„Je suis fillette sans amant, seulette depuis quelque temps;
„Mon amant est allé en Flandre, joindre son joli régiment,
„Et moi fillette, pour l'entendre, souffre pour lui mille tourments.
„Si mon amant reste longtemps, je m'en irai dans un couvent,
„Dans un couvent de religieuses, sans profiter de ses amours,
„Et j'en serai la bien heureuse, pendant le restant de mes jours.

Nach sechs Jahren kehrt der Jüngling zurück und ist nicht
minder unglücklich denn das Mädchen, als er von jenem

---

*) Ähnlich berichtet ein Lied aus La Basse-Bretagne: Soldat
et religieuse (Mélusine, Janv.-Févr. 1896, 11—13). Das Mädchen
erklärt ihrem Liebsten, welcher durchaus zum Heere will, von
vornherein, es werde vor Gram in ein Kloster gehen.

Schritt erfährt, zu dem er selbst ja den Anlass gegeben.
Er sucht das Kloster auf und bittet, wie bei Nigra, die
Äbtissin, ihn mit der Novize, welche den Monat zuvor
eingetreten sei, ein paar Worte reden zu lassen. Die
mère abbesse jedoch ist unbeweglich: erst als er bittet, es
vor seinem Fortgang noch einmal wenigstens sehen zu
dürfen, heisst sie das junge Mädchen kommen. Nun gilt
es List. Rasch steckt ihm der Jüngling einen Ring an
den Finger, zum Zeichen seiner wandellosen Treue; darauf
fällt er plötzlich wie tot zur Erde. Und die List erkennend
und einstimmend ruft das Mädchen verzweifelnd aus:

„Ouvrez, ouvrez la porte, je veux le couronner de fleurs.“

Man willfahrt seinem Wunsche; doch kaum ist es draussen,
erhebt der Jüngling sich frisch und munter und führt es
eilend mit sich fort. Und laufe die mère abbesse, und
schelte sie noch soviel hinterdrein, sie erhascht nur den
bündigen Scheidegruss:

„Adieu, adieu, la mère abbesse, adieu, adieu, c'est pour toujours.
„Si j'emmène ma maîtresse, avec elle finirai mes jours!

Auch diese Fassung hat einen gelehrten Bearbeiter
gefunden in Pierre Loti, der sie unter dem Titel Ramuntcho
in freier Weise zu einem Roman um- und ausgestaltet hat.
Der Inhalt ist folgender.

Ramuntcho, der Gracieuse heimlich verlobt, verlässt
das baskische Dorf, um in Frankreich seiner Militärpflicht
zu genügen. Nach seiner Rückkehr wollen sich beide
heiraten. Während er fort ist, wird Gracieuse auf irgend
eine Weise — wahrscheinlich durch ihre Mutter, die dem
Ramuntcho und seiner Mutter feind ist — überredet, in
ein Kloster einzutreten. Zwar fasst Ramuntcho den Ent-
schluss, sie aus dem Kloster zu rauben, und hat sich bereits
mit seinem Freunde, dem Bruder der Gracieuse, dorthin
begeben. Als er jedoch aus der Unterhaltung mit ihr die
Einsicht gewinnt, dass, wenn sie ihn auch fortliebt, solcher
Raub ihre Zustimmung nicht finden und eine etwaige Ehe

mit ihr nicht glücklich sein werde, steht er ab von seinem
Plan und wandert nach Amerika aus.

Diese Schilderung, die des erfreulichen Abschlusses,
den wir bisher gefunden haben, entbehrt, führt uns all-
gemach zu noch traurigeren Vorfällen, von denen die
nächsten Zeilen berichten sollen.

Ich verweise auf das Lied: Die Nonne (Kn. W., p. 50,51).
Das Mädchen geht ins Kloster, weil es, seines geringen
Standes wegen, von einem Grafen verschmäht wird. Später
gereut ihn seine Lieblosigkeit, und ein Traum, welcher
ihm das Mädchen im Kloster zeigt, treibt ihn, es dort
aufzusuchen. Auf seinen bangen Ruf:

> „Komm raus, du Hübsche, du Feine,
> Komm nur ein wenig raus“,

erscheint das verwandelte Mädchen und spricht traurig
zu ihm:

> „Was soll ich aber draussen thun?   Mein Haar ist abgeschnitten,
> Hab' ich ein kurzes Haar;   Es ist vergangen ein Jahr.“

Gram und Kummer über seine Schuld führen des Grafen
Tod herbei, und drohend klingt die Moral des Liedes:

> So muss es allen Junggesellen gehn,
> Die trachten nach grossem Gut.
> Sie hätten als gern schöne Weiber,
> Sind aber nicht reich genug.

Ein anderes deutsches Lied: Das römische Glas (Kn. W.,
p. 173/74; Simrock, No. 22) ist hier zu nennen, wo wiederum
des Mädchens Vater die Schuld an der Liebenden Ungemach trägt.

> Stand ich auf einem hohen Berg,
> Sah wohl den tiefen, tiefen Rhein,
> Sah ich ein Schifflein schweben,
> Viel Ritter tranken drein.

> Der jüngste, der darunter war,
> Hob auf sein römisches Glas,
> Thät mir damit zuwinken,
> Feins Lieb, ich bring dir das

„Was thust du mir zutrinken,
Was bietst du mir den Wein?
Mein Vater will mich ins Kloster thun,
Soll Gottes Dienerin sein."

Und wieder treibt ein Traum den Grafen, sein Lieb im
Kloster aufzusuchen: und wieder naht es ihm verwandelt,
und bricht ihm die Trauer das Herz:

Da kam Feinslieb gegangen,
Schneeweiss war sie gekleidt:
„Mein Haar ist abgeschnitten,
Leb' wohl in Ewigkeit!"
Er vor dem Kloster niedersass,
Und sah ins tiefe, tiefe Thal,
Versprang ihm wohl sein römisch Glas,
Versprang ihm wohl sein Herz.

Die Situation, welche die letzten Zeilen malen, erinnert
lebhaft an Schiller's Ballade „Ritter Toggenburg", die
gleichfalls in diesen Zusammenhang gehört.

Bekundete so der Eltern Verfahren schon unerfreuliche
Härte, erregt es Entsetzen, wenn wir sie in schreckliche
Grausamkeit ausgeartet sehen. Da gebietet (Vgl. Romania
VII, 76: La Fille dans la Tour), die Tochter an der Ver-
mählung mit ihrem Geliebten zu hindern, der Vater,
menschlichen Mitleids bar, seinem Kerkermeister:

„Mettez ma fille dans la tour,
Dans la plus basse des atours, qu'elle ne voit ni soleil, ni jour."

Sieben Jahre schmachtet sie dort; und wie bejammernswert
ihr Zustand, davon giebt sie ihrem Vater auf seine höhnische
Frage:

„Bonjour! ma fille, comment ça va?"

traurigen Bericht:

„Hélas! mon père, ça va très mal:
J'ai un côté mangé des vers, mes pieds sont pourris par les fers."

Doch jener bleibt unbewegt. Als sie bescheiden bittet:

„Mais, mon père, n'auriez-vous pas quatre ou cinq sous à me donner?
Nous les donnerons au geôlier, qu'il me desserre un peu mes pieds,"

hat er nur die herzlose Erwiderung:

„Oh oui! ma fille, nous en avons et des cinq sous et des millions,
Et des millions à te donner, si tes amours veulent changer."

Und da sie fest bleibt, ist sein letzter Wille:

„Dedans la tour tu pourriras!"

Doch der Liebste kommt ihr zu Hülfe und rät ihr, sich
tot zu stellen. Sie folgt ihm. Als man sie begraben will,
befreit er sie aus ihrer verzweifelten Lage und nimmt sie
mit sich fort. Ein paar von dieser abweichende Lesarten giebt
Rolland; so a. a. O. II, 185. Ein junger Hauptmann, aus
dem Kriege kommend, findet, wie vorher, sein Lieb in
einem Turme. Es weist ihn an seine Eltern, damit er
bittend sie milder stimme. Doch der Vater bleibt schroff
und will von keiner Nachsicht wissen:

„Mon beau capitaine,
Prenez pas de peine,
Elle n'est pas pour vous!"

Und als der Jüngling trotzig versichert, er werde sie
dennoch bekommen, wie immer es sei, par terre, par mer,
ou par trahison, da wirft voll Grimm der Vater sie ins
Wasser. Nachdem der Liebste sie gerettet, flieht er mit
ihr. Unterwegs besorgt er passende Kleidung.

Dès la premièr' ville,	Dès la second' ville,
Son amant l'habille	Son amant l'habille
En beau satin blanc.	En or, en argent.

Endlich kommen sie zum Regiment. Dort findet, wie ein
anderes Lied (Rolland, I, 290/91) berichtet, ein Wieder-
begegnis zwischen Vater und Tochter statt und zwar
folgendermassen. Das Mädchen fällt, seiner Schönheit
wegen, allgemein im Heere auf, und eines Tages fragt es
der général de France, sein Vater, der es schlecht behandelt, nun aber nicht erkennt, wann es sich verheiraten
werde. Er muss sich gefallen lassen, dass er von ihrem
Geliebten, dem jeune militaire, eine dem Vorgesetzten
gegenüber wenig ehrerbietige Antwort erhält:

„Générale de France,
Ça ne vous regarde pas,
Votre fille est à moi."

In einer dritten Version (Rolland, II, 162) wird der
Vater, diesmal grand sénéchal de France, nach der Ab-
weisung des Jünglings:

„Brave capitaine,
Ne t'en mets point z'en peine
Car tu n' l'auras pas,"

von diesem zum Zweikampf herausgefordert:

„Grand sénéchal de France,   Je l'aurai par terre,
Prépare ta lance   Je l'aurai par mer
Et ton espadon;   Ou par trahison."

Damit endet das Lied und lässt über den Ausgang des
Kampfes und seine Folgen im Ungewissen. Auch von
anderwärts weiss ich es nicht zu ergänzen; denn jenes
Moment ist mir nur einmal begegnet.

Ein andermal (vgl. Nigra, No. 98: La Sposa di Bel-
tramo) bewirbt sich der Jüngling um das Mädchen, wird
aber von den Eltern abgewiesen, weil es zum Heiraten
noch zu jung sei. Geduldig harrt er sieben Jahre. Als
er darnach zurückkehrt, erfährt er, dass seine Geliebte
zu einer neuen Ehe gezwungen werden soll. Er vereitelt
die Absicht, indem er das Mädchen raubt. Es erinnert
uns diese Begebenheit an entsprechende Momente aus den
Abenteuern Jakschitsch Todor's und des jungen Lochinvar.
Wie der Eltern Lieblosigkeit geradezu des Mädchens
Tod herbeiführt, berichtet u. a. das deutsche Lied: Der
Färber (Kn. W. 501). Wiederum wird der Bewerber mit
demselben Bescheid wie vorher entlassen, und traurig
scheidend, verspricht er dem liebenden Mädchen, nach
drei, vier Jahren zurückzukehren. Inzwischen bewirbt sich
ein reicher Witmann um die Tochter und findet auch
Gnade vor den Augen der Eltern. Trotz ihres heftigen
Widerspruchs wird jene gezwungen, ihn zu heiraten:

Der Vater sprach: „Du musste ha,
Ich thu' di nit lang frage."

Vor Gram und Sehnsucht wird sie krank und stirbt. Der
Färber, wiederum durch einen Traum in Kenntnis und
Schrecken versetzt, eilt herbei, findet aber seine Liebste
schon begraben. Er gräbt die Bahre wieder aus, und die
Tote erwacht und richtet sich empor. Nach einem halben
Jahre feiern sie ihre Hochzeit.
Diese Darstellung ruft Reminiscenzen aus „Romeo
und Julie" wach. Auch Julie soll ja in Abwesenheit des
Geliebten einem ungeliebten Manne vermählt werden und
stirbt darüber, wenigstens dem Anscheine nach. Wie
jener Färber bricht Romeo bei seiner Rückkehr die Toten-
gruft auf. Allerdings ist dann der Ausgang weniger
erfreulich als dort.
Ist, könnte man fragen, die Frau in unserem Liede
wirklich gestorben, oder ist ihr Tod nur ein scheinbarer?
Im Hinblick auf die Schilderung wäre das Letztere anzunehmen; und in der That haben wir ja in „Romeo und
Julie" und so im Volkslied Beispiele gefunden, wo ein
Mädchen sich durch geheuchelten Tod aus einer lästigen
Lage befreit. Andererseits heisst es im Lied ausdrücklich:

> Sie wurde krank und kränker je,
> Thät nimmer uferstehe,

was zweifellos für ihren Tod spricht. Wie ist Harmonie
in diesen Widerspruch zu bringen?
Zuvörderst wollen wir einen Blick auf das Lied: La
Sposa morta (Nigra, No. 17) werfen. Der gentil galante
schaut vom Berg ins Thal. Da hört er, wie die Glocken
summen dumpf und schwer. Auf seine Frage nach dem
Grunde, sagt man ihm, seine Braut sei gestorben, und
man trage gerade ihren Leichnam zur Kapelle. Auch er
geht zur Kapelle; er spricht zu der Toten, und die Tote
antwortet ihm:

— Cul anlin ch'i l'avei spuzà-me, guardè-lo sì ch' l'ài ant ël dil.
O piè-lo, spuzè-ne n'autra, dl-e ch'a prega Dio për mi.
Dl-e ch'a's cata üna curunina, e ch'a la dia tre volte al dì;
Due volte sarà për chila, üna volta sarà për mi. —

Hier kann keine Rede sein von einem scheinbaren Tode;
jene Worte sind Worte einer Abgeschiedenen. So ist die
Lage ungefähr die gleiche wie im Liede vom Färber, nur
dass dieses, einen Schritt weiter gehend, die Frau vom
Tode wieder aufersteben lässt. Wir haben es eben mit
Volksliedern zu thun, welche leichtfertig schalten, keck
wie die Märchen hüpfen über die hemmenden Gründe.
Wie das Märchen die wunderlichste Verknüpfung von
Umständen, die fragwürdigsten Situationen, die zweifel-
haftesten Lösungen in Konflikten liebt, sich mit dem „Weil"
begnügt und nicht nach dem „Warum" fragt, so thut auch
gern das Volkslied. Jene Frau ist tot, tot wie Schneewittchen im bekannten Märchen. Wie aber im Märchen
ein leichter Stoss genügte, Schneewittchen vom tötenden
Giftapfel befreiend, dem Leben zurückzugeben, genügt im
Lied zu gleichem Ende die Ankunft des Geliebten. Sie
befreit die Liebende von tötlichem Kummer und Leid,
und nun ihres Todes Ursache geschwunden, schwindet auch
der Tod.

Bisweilen reut die Eltern ihre Härte, wenn sie den
zehrenden Gram ihrer Tochter sehen. Dann bitten sie
den fernen Liebsten, er möge rasch zurückkehren, sie
wollten ihm nicht mehr hinderlich sein. Und freudig folgt
dieser dem Rufe. Doch was frommt ihm, dass er, Wind
und Wetter trotzend, eilt so schnell er kann? Das Mädchen
liegt bereits im Sterben.

So singt das Lied Giovann' Antonio (Nigra, No. 92)
einfach, schön und ergreifend. Ich lasse es folgen:

Juan Antoni ven da Liun për fè l'amur cun 'Na Maria.
E s'u j'à fà-je l'amur set agn, spuzëta sua a la vuzia.
E lo so pà ij la vuzia dè, ma la so mà nun la vuzia.
Juan Antoni s'è disperà, traversa 'l mar e tira via.
Ana Maria comensa a piurè, dal gran dolur l'è dilangia,
E pare e mare scrivo al galant: — Sarì-ve spus di nostra fia. —
Juan Antoni l'à 'rpassà 'l mar, për venì an brass d'Ana Maria.
Për vent e piöva riva al pais, trova 'l so amur che si moria.
E quand le föje n'a sun cascà a l'àn portà a sutrè na fia.
Tüti ciamavo: — Chi è-lo ch'è ll? Chi è-lo ch'è ll? — Ana Maria. —

Chi è-lo ch'è li? Chi è-lo ch'è li? — Ana Maria.
Klingt es nicht wie kleiner sinnloser Sterbeglocken Ge-
wimmer, wohinein traurig, doch massvoll und tröstend die
grosse Glocke dumpf hallt?

Doch nicht immer — und dies sei des Stoffes letzt-
betrachtete Gestalt — sind die Eltern schuld, wenn der
Jüngling das Mädchen gestorben findet. Auch durch
andere Umstände als das Verbot der Heirat mit seinem
Liebsten und von anderer als der Verwandten Seite her
wird sein Tod herbeigeführt, wie Ossian in der Geschichte
Vinvela's und Schilrick's zeigt (O., Karrikthura). Schilrick,
Vinvela's Geliebter, ist in den Krieg gezogen. Falsche
Nachricht hat der zurückgebliebenen Vinvela seinen Tod
verkündet und ihr das Herz gebrochen. So trifft sie der
heimkehrende Schilrick.

Auch die Episode Fingal und Komala (Ossian, Komala)
gehört hierher. Komala hat von Hidallan, der sie liebt,
doch von ihr verschmäht wird, erfahren, Fingal sei tot,
und härmt sich über ihn. Aber Fingal lebt und kehrt
zurück. Er findet die Geliebte noch am Leben, doch
stirbt sie bald, ein Raub des Wechsels zwischen Schmerz
und Freude.

Überblicken wir zum Schluss noch einmal, was unsere
Studien uns gelehrt haben.

Wir sahen, dass der Stoff, welcher bald von Verhältnissen handelte, die der heimkehrende Gatte, bald von
solchen, die der Liebste angetroffen, sich in sechs Haupt-
gestaltungen darbot. Wir erkannten als Grundthema: der
Gatte findet seine zurückgelassene Frau von neuem vermählt oder im Begriff, eine neue Ehe einzugehen. Die
so entstehenden Konflikte lösten sich durch Rückkehr der
Frau zu ihrem ersten Gatten, durch dessen Fortgang oder
durch Katastrophe, indem er die Treulose, oder sich selbst,
oder jene sich tötete. Für den Fall, wo der Mann die
Frau wieder vermählt und die Ehe mit Kindern gesegnet

fand, ersahen wir die Teilung der Kinder charakteristisch für die deutschen und die piemontesischen Gestaltungen. Eine Erweiterung des ursprünglichen Themas zeigte die Prüfung der Frau, die ihren Mann nicht wiedererkannte. Der Gatte überzeugte sich von ihrer Treue oder Untreue und lebte entweder friedlich mit ihr weiter oder strafte sie mit dem Tode. Ihre Untreue offenbarte sich, wie in anderen Zeichen, so auch in der grösseren Zahl der Kinder. Über des Bastards Schicksal lehrte besonders ausführlich die Erzählung vom Schneekinde. Weiter erfuhren wir von dem Raube der Frau, und wie der Mann sie aufsucht und zurückholt. Wir sahen einmal, dass seine Mutter, der sie anvertraut gewesen, schuld an ihrer Entführung war, und wurden so dahin geleitet, wo die Frau unter der schlechten Behandlung ihrer Schwiegermutter — einmal ihres eigenen Bruders — bitter zu leiden hatte. An die Stelle der Schwiegermutter traten dann des Mädchens Eltern, die es seinem Geliebten vorenthielten. Der Jüngling entführte es ihrer Gewalt oder aber, er fand es auch vor Gram gestorben.

Das wären die Gestaltungen, welche unsere Materie erfahren hat, in der Reihenfolge, die, wie ich denke, am ungezwungensten sich darbietet. Ob damit alle Modifikationen erschöpft sind, ist eine Frage, die schwer zu beantworten, wohl aber eher zu verneinen als zu bejahen ist. Wer kennt alle Orte, wo der Stoff geschrieben oder gedruckt vorliegt? — Und angenommen, er kenne sie, wer kennt auch alle die, wo er nur in der Rede, nur im Gesange lebt? — Wir besitzen zwar reiche Sammlungen von Liedern und der nächsten und der entferntesten Völker — wie viel es deren giebt, das hab' ich selbst und mit Staunen erfahren: — doch sind noch lange nicht alle gesammelt und allgemein zugänglich gemacht, und so mag noch manches, neu und interessant, sein Dasein führen, ungefunden und ungewürdigt. Und weiter. Behandelt unser Thema nicht Vorgänge, die sich Tag für Tag wiederholen und neue Lieder, neue Romane, Novellen u. a.

hervorrufen können? Und darf man einem Bericht der Vossischen Zeitung (18. Juni 1897, 2. Beilage) unbedingten Glauben schenken, so hat es sich in unseren Tagen ereignet, dass ein Mann nach siebzehnjähriger Abwesenheit zurückkehrte, seine Frau wiederverheiratet als Mutter von drei Kindern fand und weinend wieder fortging.

So will denn vorliegende Abhandlung keine Vollständigkeit erzielt, wohl aber nach Möglichkeit angestrebt haben. Sie wird zeigen, wie ein einfaches Motiv sich fort und fort erweitern und neue Motive anregen kann, der Wurzel gleich, die sich zum Baum mit zahllosen Blättern und Blüten entfaltet, der dann wieder seinen Samen auswirft und befruchtend neues Leben weckt.

Druckfehler-Verzeichnis.

S. 53, 2. Z. v. o.: Nous statt Nour.

Druck von Carl Salewski in Berlin C., Neue Friedrichstr. 44.

www.ingramcontent.com/pod-product-compliance
Lightning Source LLC
Chambersburg PA
CBHW032357280326
41935CB00008B/606